蕎麦前とつまみ167品

Sobamae Tsumami

撮影（50音順）

浅山美鈴　天方晴子　伊藤高明　岩浪 睦　海老原俊之　河村研二　草野清一郎　笹谷美佳
高島不二男　中島聡美　東谷幸一　目黒-MEGURO.8　渡辺伸雄　渡部恭弘

ブックデザイン／青木宏之（Mag）　DTP／㈱アド・クレール　編集担当／高松幸治

はじめに

「そば屋酒」という言葉が示すように、そばと酒の深い間柄には長い歴史があります。江戸の昔からそば店は上等な酒が呑める場所として知られてきました。もっともそこで提供されてきた伝統的なつまみは、種物に使う食材を利用した板わさや焼き海苔、わさび芋などのごく簡単なもの。あるいは天ぷらや、鶏や鴨、卵、葱、海老などを用いて、かえしやそばつゆで調味するつまみが主流でした。

しかし近年は高まるニーズに応えるべく、そば店が提供する酒の肴も進化し続けています。そば店ならではの材料や調味料、揚げ油を有効に使いつつ、居酒屋ともひと味違った料理と酒の楽しみを提案する方向へ。伝統の定番メニューに一ひねりを加え、新しい価値を生み出す動きも。また酒の種類においても、稀少な銘柄の日本酒や洋酒などの品揃えを吟味する店が増えました。

もっとも主役はあくまでもそば。その提供に集中するかたわらで、充実したつまみを用意するには段取りのよさと工夫が必要です。そこで本書で紹介するレシピでは、どこまで事前に仕込み、営業時間中はどんな調理を行なうかがわかるように（仕込みで完成する料理や、注文後に一から作る料理もありますが）心がけました。一般家庭向けの料理書と異なり、細かい分量や加熱時間までは公表されていないケースもありますが、メニューの幅を広げるヒントとなれば幸いです。

目次 — Contents

第1章 そば屋のつまみの作り方

第2章 天ぷら

第3章 かしわ

第4章 鴨料理

第5章 そば屋のつまみ逸品集

本書について

◎本書では加工前の穀物や粉の状態のものを「ソバ」、麺に打ったものを「そば」と書き分けており、料理名など場合によって「蕎麦」の漢字表記を採用しています。
◎大さじは15cc、小さじは5ccです。
◎とくに断り書きのない「油」はサラダ油を示しています。
◎料理名と飲み物の銘柄の表記はお店のメニューに準じています。
◎本書記事の初出は以下の通りです。掲載した料理は初出時のもので(料理の作り方などは追加取材を実施しています)、現在店舗で提供していない料理や、雑誌企画や本書掲載のために製作した料理が含まれます。掲載店紹介の営業時間や定休日などの店舗情報は2024年末時点のものです。変更される可能性もありますので詳しくはお店までお問合せください。
1章／新規取材　2章／そばうどん2016　3章／そばうどん2021
4章／そばうどん2015　5章／そばうどん2017～2021(蕎仙房のみ新規取材)

店主の隠し酒
冷やでも
お燗でも!!
大七
純米生酛
770円
（税込）
ー福島ー
風の森
純米吟醸
990円
（税込）
ー奈良ー
雪の美人
純米吟醸
880円
（税込）
ー秋田ー
一滴二滴
純米吟醸
990円
（税込）
ー長野ー
一滴二滴
特別純米
しぼりたて生酒
990円（税込）
ー長野ー
八海山
特別純米原酒
880円（税込）
ー新潟ー
角ハイボール
440円（税込）
菊姫
山廃仕込
呑切原酒
純米酒
濃醇旨口
1100円（税込）
ー石川ー
菊姫
山廃仕込
鶴乃里
限定酒
1210円（税込）
ー石川ー
菊姫
呑みとくべ
990（税込）
（※提供は夜のみ）
金水晶
純米
770円
（税込）
ー福島ー
国産青梅で
作った梅酒に
赤ワインをブレンド♪
『赤わいん梅酒』
550円（税込）
ー兵庫県明石市ー
店主が
お勧めしない
まずいお酒!!
「なみのおと
てとて」超甘口
「キホウツル」
各550円（一合）
（税込）

第1章

そば屋のつまみの作り方

まずこの章では、7軒の有力そば店にご登場願い、店で提供しているつまみや料理の中から優れものを、調理工程も交えながら紹介していただきましょう。またサービスの工夫や飲み物の品揃えの一端も取り上げます。お酒に合わせてお品書きにいろいろなつまみを取り揃え、充実させたいのはやまやまですが、時間も人手も限りがあります。どこまで事前に仕込んでおき、注文が入ってからどのように仕上げるかの段取りが、大事なポイントとなります。

竹ノ下そば

【東京・原宿】

野菜を主役にした選べる小鉢を週替わりで提供し、長期熟成した古酒など日本酒の魅力を世界に発信。

琥珀色をした長期熟成の日本酒。30年間酒蔵で貯蔵したものを瓶に詰め、その状態でさらに30年の月日が経っている稀少な品。

原宿竹下通りから、角を曲がった路地の奥。23年6月に開業した「竹ノ下そば」は地下1階で喧騒を避けるようにひっそりと店を構える。居抜きでの出店で16席。内装はそのまま、調度とライティングを変えただけだが、そのシックな空間は同店ならではの特別な空気感を醸し出している。

場所柄とコロナ禍が明けたばかりだったため、開業直後は8割が外国人客だった。今も半数を占めており、24頁に及ぶメニューはすべて英訳付き。つまみは日替わりの野菜の小鉢と各種天ぷらが充実し、ヴィーガン対応のそばや小鉢も用意。そばと和食、日本酒の魅力を発信する。

主人の山越龍二氏は東京・石神井公園の「野饗（のあえ）」の元店主。引退するつもりで店舗を弟子の菊池栄匡（ひでまさ）氏に譲り、天ぷらや日本料理の店で3年間再修業し、再びそばの世界に帰ってきた。修業先で学んだ技術を生かし、魚介や旨みの強い野菜は高温に耐えるゴマ油、素材そのものの味を引き出す時は米油と使い分けている。

そばも酒も適温での提供に腐心し、粗挽きの熟成そばなら2℃以下、打ちたての二八そばやフレッシュな日本酒なら5℃～、十割そばや旨味を楽しむタイプの日本酒なら15℃～常温がお勧めだ。そのため日本酒は4℃で約10種、10℃で30～40種、常温で約10種をストックする。さらには30年物、60年物といった稀少な長期熟成酒も保有。4種類ある利き酒セットは、外国人のみならず日本人にとっても、日本酒の未知の世界との出会いを与えてくれるのだ。

アルコールメニュー例

□利き酒セットA
松の寿
くどき上手（辛口）
末廣89年

□利き酒セットD
沢の鶴 73年
三重の寒梅 68年
直実 64年

□焼酎その他
芋焼酎 鹿児島 赤兎馬
そば焼酎 長野 南相木村在来
そば焼酎 大分 老松83年
米焼酎 山形 エコースキー73年

茄子煮

ナスの色が変わらないように、揚げ油や浸け地から顔を出して空気に触れないようにする。数種類の野菜と合わせて「野菜の炊合せ」としても見栄えがよい。

仕込み

1 ナスに斜めの切り込みを入れて。ときどき回しながら30分間水に浸ける(1)。そうすることで揚げてもナスにあまり油が入り込まず、ナスが柔らかくなる効果もある。

2 カツオだし800ccと濃口醤油90cc、煮切りミリン60cc、ショウガ1かけを合わせて地を作る。

3 水気を拭きとったナスを180℃の油で素揚げにする(2)。強火で揚げ始めて最初の1分間は油面から浮き上がった部分が変色しないように、回して裏返しながら揚げる。途中で弱火にし、引き上げる(3)。

4 **2**の地にナスを黒く仕上げるための鉄を入れ(4)、**3**のナスを浸けて冷ます。浮かないようにペーパータオルで落とし蓋をして、一晩浸ける。3日間は日持ちする。

注文後調理

5 適宜な大きさに切り分けて器に盛り、浸け汁をかける。

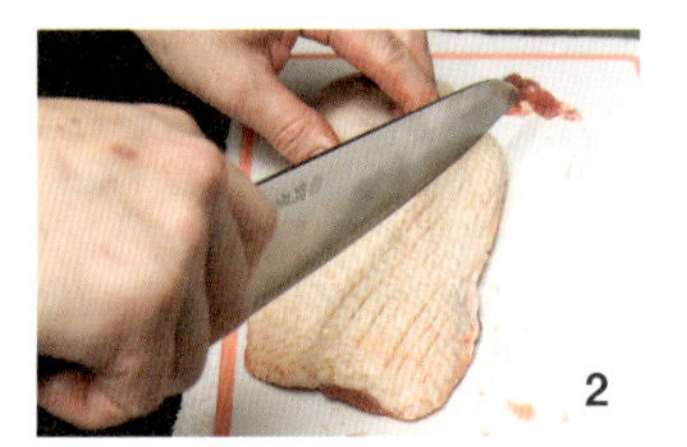

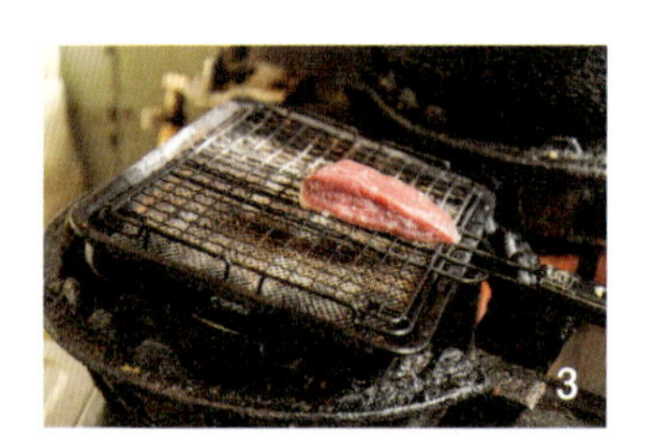

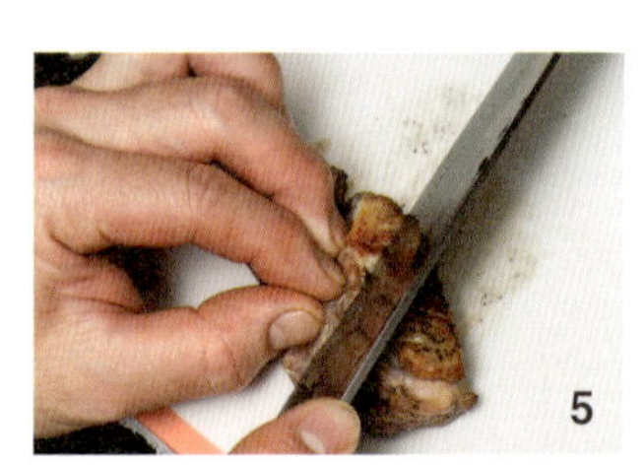

鴨焼

鴨の脂の旨さと肉の旨みを活かすために焼き網で皮をカリッと焼き上げる。焼き網は傾けて鴨が油煙に直接さらされないように気を付けつつ、滴り落ちる脂の香りで燻すようにする。

仕込み

1 バルバリー鴨の胸肉の薄皮と筋を掃除する(1)。
2 皮目に切り込みを入れる(2)。塩をふる。
3 焼き網を焦げ付かないようにあらかじめ熱しておく。
4 傾けて火にかけた焼き網に、皮側を下にして鴨胸肉をのせ、強火で5分間焼く(3)。皮目を開いて中まで火が通るようにする。脂のはぜる感じや触った感触で火の通しを判断し(4)、火が通りすぎそうになったら火からはずす。
5 裏返して身の側にごく短時間火を入れる。

注文後調理

6 仕込んだら1時間以内に提供する。ひと口大に切り分けて(5)、仕上げに再度焼く(6)。網で焼いた赤の万願寺トウガラシとともに盛り付けて、淡雪塩(米粉と塩をプレスした剥片状の塩)をかけ、柚子コショウを添える。

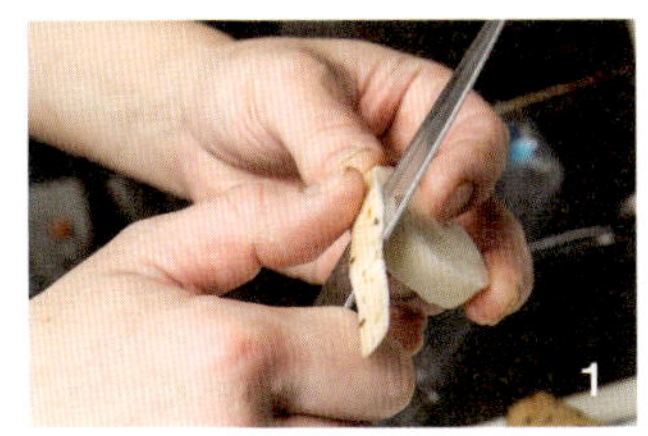

白エビの
おぼろ大和芋

主役の白エビの上品な甘さを生かすために合わせる昆布は、芯近くから削り出した「太白おぼろ昆布」が最適。ヤマトイモも旨みをアップする名脇役で、天ぷらにしてもよい。

注文後調理

1 ヤマトイモを1㎝の厚さの輪切りにし、皮をむく（1）。

2 焼き網で表面をパリッと焼く（2）。

3 ヤマトイモの上に食べやすい長さにちぎったおぼろ昆布（3）、白エビのむきエビの順に盛り付ける。

4 佐賀産の塩（一の塩）をふる（4）。

百合根の梅和え

梅干しを淡口醤油に浸けた「梅干し漬け」を使った季節の野菜の梅和え。浸け汁はカツオだしで割って「梅出汁」として、お茶漬けやかけそばに利用する。

仕込み

1 ユリ根は傷つかないようにおがくず入りの箱で流通するので、 洗って除く（1）。1片ずつはずす。外側の大きなものは天ぷらに用い、芯の傷のない部分を使う。傷のある部分があれば、包丁でむき取る（2）。

2 蒸し器に入れて強火で2分40秒間蒸す。そのまま冷ます。

注文後調理

3 梅干し漬け（梅干しを火入れした淡口醤油に浸けて冷蔵庫で1カ月保存したもの）の果肉を刃叩きする（3）。

4 ボウルの側面に**3**を塗りつけ、**2**を入れて少しずつからめるようにしながら和える（4）。

1

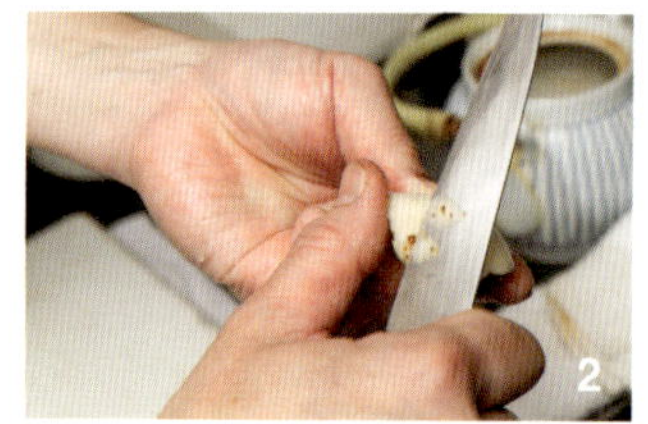

2

3

4

自家製そばアイス

食後の甘い酒や強い蒸留酒に合わせるアイスクリーム。長期熟成の日本酒や芋焼酎、そば焼酎を垂らしてもよい。

仕込み

1 乳脂肪分35%の生クリーム450cc（45%なら牛乳で割る）を沸騰直前まで沸かし、ソバ茶60gを入れて火を止め（1）、蓋をして5分間蒸らして抽出する。

2 卵黄2個にきび糖を加えて（2）、ボウルの壁面から落ちないくらいにもったりとするまでよく混ぜる（3）。

3 濾したソバ茶を加え（4）、冷蔵庫で冷やす。このソバ茶はもう一度牛乳に入れて煮出し、「ソバ茶のチャイ」として提供できる。

4 アイスクリームマシンに入れて回し（5）、アイスクリームにする。

5 アイスクリームが固まりきる前に、むきそば（ゆでたソバの実）を加える（6）。

注文後調理

6 盛り付けて、自家製ブール・ド・ネージュ（ゴマ油と砂糖、ソバ粉、アーモンドプードルなどで作るクッキー）を添える。

そば処 花月庵

【東京・武蔵関】

修業先の信州産にこだわった日本酒のラインアップとそば屋としては珍しいクラフトビールが特徴。

クラフトビールのサーバーを導入。銘柄は月替わりで、3種類の飲み比べセットも販売する。

生鮮食材の市況や紹介番組で知られるスーパーマーケット「アキダイ」本店。品揃えが豊富な、住宅街の普通の八百屋という立ち位置が、テレビの取材対象として好まれる理由だ。

そんなアキダイよりも古くから同じ関町北に店を構え、地元民に親しまれてきたのが「そば処花月庵」である。1980年に小山昇氏が親戚のそば店から暖簾分けし、出前も盛んな町のそば店として愛されてきた。

そして2018年に二代目の淳一氏が経営を引き継ぐと、メニューも店も大きくリニューアルを遂げた。機械打ちから手打ちに切り替え、タイで知ったグリーンカレーをそばと組み合わせたり、ヴィーガン対応の「大豆ミートの豆乳だれせいろ」を開発するといった、野心的なメニューにも挑戦している。日本酒は修業した長野県の地酒に絞り、1～2ヵ月に一度蔵元を直接訪ねて仕入れている。約10銘柄の中から3種を選べる飲み比べセットも販売する。

インテリアを学んだ淳一氏は、その経験を生かして古木を生かした内装に刷新。店内にはオープンキッチンのカウンター席を新設し、語学留学をきっかけに広く海外を放浪した際の写真を飾る。とはいえ温かみのある造りで、敷居の高い店を狙うわけではない。メニューはわかりやすい写真付きでご飯ものも揃える。つまみの価格はほぼ1000円以下だ。

高品質な庶民派という点ではアキダイに通じるものがある。新規の若者や女性客を取り込むが、地域から浮いた存在にはならない。父とともに厨房に立ち、家族経営の町のそば店というスタンスは今も変わらない。

アルコールメニュー例

□日替わり日本酒
真澄 白妙
幻舞 特別本醸造
つきよしの 空 純米吟醸
神渡 本醸造辛口
斬九郎 九ノ一　純米生酒
積善 つるばらの花酵母 純米生酒

□本日のクラフトビール
山口地ビール 瀬戸内ヴァイツェン

□焼酎他
そば焼酎 草笛
そば焼酎 佐久の花
そば焼酎 帰山 樽熟成
粕取り焼酎 SUMI 真澄

新ゴボウの
八丁味噌漬け

歯ごたえのよい新ゴボウに八丁味噌の味をしみこませた一品。高野豆腐を加えることで独特の食感が生まれるとともに、たれがからみやすくなる。

仕込み

1 新ゴボウ4本の皮をむき、食べやすい長さに切り分け、4つ割りにする。酢水にさらし、あく抜きする(1)。

2 鍋にたっぷりの水を入れて新ゴボウを入れて沸騰させる。中火で約15分間ゆで、好みの固さになったら火を止める。ザルに揚げて冷ましておく。

3 高野豆腐を水で戻す。水気をしっかり絞り、フードプロセッサー(またはすり鉢)にかけ、おから状にする(2)。

4 八丁味噌、砂糖、ミリン、水をよく混ぜ合わせておく(3)。

5 みじん切りにしたショウガをゴマ油で香りが立つまで炒める。

6 **4**のたれを加え、煮立たせる(4)。煮詰まってきたら**3**の高野豆腐を入れてよく混ぜる。

7 **2**の新ゴボウを加えてよくからめる。容器に移し、冷蔵庫で半日～1日ほど寝かせる。10日間は日持ちする。

燻製かまぼこのわさび塩

そば店の定番商品であるカマボコが余った際に仕込んでおける料理。燻製が進みすぎて黒く固くならないよう注意する。

仕込み

1 アルミホイルで器を作り、サクラのチップを入れる（1）。
2 鍋に **1** を置いて網をセットし、油を塗る（2）。
3 並べやすいように縦半分に切ったカマボコを網の上にのせ（3）、5分間強火で燻す。弱火にしてさらに10分間燻す（4）。
4 ちょうどよい状態になったら火を止めて蓋をはずし、これ以上燻製が進まないようにする（5）。
5 ワサビに岩塩を少量ずつ加えて混ぜ合わせる（6）。

注文後調理

6 カマボコを切り分けて **5** のワサビ塩を添える。

あおさとじゃこの長芋マッシュポテト

ナガイモを多く使うそば店ならではのマッシュポテト。完全につぶさずにナガイモらしいシャキシャキ感を残すとよい。

仕込み

1 ナガイモ1kgのひげ根をコンロであぶって燃やし(1)、皮をむく。適当な大きさに切り分ける(2)。

2 蒸し器に入れて15分間蒸した後、マッシャーでつぶす(3)。

3 チリメンジャコ80g、アオサ20g、 かえし70ccを加える(4)。チリメンジャコやかえしから旨みが出るのでかえしの量は適宜調整する。

4 よくかき混ぜ、1時間ほどおいてなじませる。

カツオのニンニク返し漬け

かえしを使ったカツオのづけに、ニンニクとゴマ油のパンチをきかせた。日本酒や焼酎のつまみにおすすめ。

仕込み

1 カツオのさく500gを約1cm幅に切り分ける(1)。

2 タマネギ、ニンニクは薄くスライスに(2)、ニンジンはせん切りにする(3)。

3 かえし、ミリン、ゴマ油を混ぜて漬けだれを作る(4)。

4 袋に**1**、**2**を入れ、**3**の浸けだれを注ぎ、全体が浸かるようにしてなじませる(5)。冷蔵庫で一晩寝かせて味をなじませる(6)。

注文後調理

5 野菜ごと器に盛る。刻みネギやゴマをふってもよい。

揚げ出しそば豆腐

揚げたてを提供することで、サクッとした衣とそば豆腐特有のなめらかな食感が楽しめる。衣はそば粉を使うなどアレンジが可能。

仕込み

1 ソバ粉140ｇ、葛45ｇ、片栗粉50ｇを合わせる。水1200ccをだまにならないように何度かに分けて加える（1）。裏漉しを通す。

2 手鍋に入れ、中火にかけて、木べらで５分間混ぜる（2）。

3 弾力が出るまで混ぜ続け、均一になったら流し缶に流し入れる（3）。少し持ち上げて流し台に叩き付けて空気を抜き（4）、ラップ紙で表面を覆う。

4 粗熱がとれたら冷蔵庫に入れ、一晩冷やし固める。

5 型からはずして１人前分ずつに切り分け、ラップ紙で包んで冷蔵する（5）。５日間くらいは保存可能。

注文後調理

6 食べやすい大きさに切り分け、天ぷらの衣を付けて180℃の油で約３分間揚げる（6）。

7 器に盛り、温めた鴨せいろ用の甘めのつゆをかける。大根おろしをのせ、万能ネギを散らす。

手繰りや 玄治

【東京・久米川】

通し営業の店なのでつまみを食事として食べるお客のために、オーダーから5分で提供することを心掛ける。

その日のつまみや酒は竹ざるに張り付けたPOPで掲示。ラインナップは順次張り替えられる。

店内の壁に掲げられたザルに、さまざまな形の名刺大の紙がずらりと貼られている。それは料理名と値段が書かれた「季節のおつまみ」で、その数なんと30種類以上。食材の出回り時期に合わせて少しずつ貼り替えられていくため、そのすべてを味わい尽くすには、何度も通い詰めなくてはいられない。そんな店が西武新宿線久米川駅の商店街沿いに暖簾を掲げる「手繰りや玄治」である。

主人の愛甲撤郎氏は飲食店経験40年以上、そば打ち35年以上のキャリアを持つベテランだ。日本料理の修業経験もあり、その技術に裏打ちされたのがこの豊富なつまみの数々なのである。「ひとくち鴨ロース」「わたもち烏賊の炙り」のようなオーソドックスな料理あり、「馬刺しの昆布じめ」「秋鮭のすき焼き風」のような一ひねりも二ひねりもした料理あり、多彩なラインアップだ。

日本酒の種類は純米吟醸の辛口を基本に15銘柄ほどを揃えており、定番の銘柄は酒瓶のラベルを使ったカラフルなメニューで視覚的にアピールする。さらに10銘柄ほどは「店主の隠し酒」として、つまみと同様に木製ボードに貼った店内POPで掲示。超甘口のような好みが分かれる特徴的な酒には、「店主がおすすめしないまずいお酒！」と書いて注意喚起するといった遊び心も示される。

中休みのない通し営業の店であり、利用客は必ず酒を飲むとは限らない。つまみとそばで食事を済ませたいという人は、料理の完成まで長時間待たせるわけにはいかない。そのため料理は注文後、5分以内で提供することをめざしているという。

アルコールメニュー例

□店主の隠し酒
菊姫 呑み比べ（夜のみの提供）
菊姫 山廃仕込 鶴の里
菊姫 山廃仕込 呑切原酒純米酒
金水晶 純米
一滴二滴 純米吟醸
一滴二滴 特別吟醸
雪の美人 純米吟醸
風の森 純米吟醸
八海山 特別純米原酒
大七 純米生酛
なみのおと てとて
キホウツル
赤ワイン梅酒
角ハイボール

栃尾と揚げ茄子の味噌マヨ和え

分厚い油揚げとして知られる新潟県・長岡市栃尾の名物「栃尾揚げ」は、味噌をつけて食べるのが一般的だが、変化球として味噌マヨネーズで仕立てた。野菜も多く採れるサラダ的な一品。

1

仕込み

1 プレーンヨーグルト１箱をザルに上げて一晩水気をきっておく（１）。

2 マヨネーズ500ｇ、味噌300ｇを加え（２）、よく混ぜ合わせて味噌マヨネーズとする（３）。

2

3 栃尾揚げはあらかじめ網で焼いて焼き目を付け（４）、冷凍保存する。

注文後調理

4 冷凍しておいた栃尾揚げを500Wの電子レンジに１分間かけて解凍する。ひと口大に切り分けて、４分の１個分を使う。

5 カボチャ２切れ、ズッキーニ３切れ、ナス３切れ、赤パプリカ２切れを用意し、火の通りにくいカボチャから順に油に入れて揚げる。（５）

3

6 ゆで玉子１個を粗くきざむ。三ツ葉を３㎝長さに切る。

7 **4**～**6**を合わせて**2**の味噌マヨネーズをかけ（６）、ざっくりと和える。器に盛ってクコの実をのせる。

4

5

6

焼き漬け

最初の修業先の日本料理店で、新潟県出身の先輩に教えてもらった思い出の一品。焼き鮭がぱさつかず、保存も利くという生活の知恵から生まれた郷土料理。

仕込み

1 塩ザケの切り身を焼き網に乗せて、天火の焼き台で焼く(1)。

2 皮側はよく火が通るように身を立てて焼く(2)。

3 鍋に水7、醤油3の割合で合わせてひと煮立ちさせる(3)。容器に入れ、2を入れて一晩漬ける(4)。

注文後調理

4 取り出して適宜な幅に切り分ける。元の形に戻して器に盛り付け、大根おろしを添えて七味唐辛子をふる。

長芋葱味噌焼き

蕎麦味噌好きな人に向けて開発した料理。味噌にタマネギを加え、さらに長ネギものせて食感に変化をつけるとともに、ただ味噌だけを食べ続けると口飽きしてしまうので、ナガイモの素揚げの上に乗せている。

仕込み

1 タマネギ300gをフード・プロセッサーで好みの粗さにきざむ。

2 味噌1kg、酒180cc、ミリン90cc、砂糖200gを合わせて弱火で10分間練る。

3 **1**のタマネギを加える。

注文後調理

4 ナガイモを3切れ輪切りにする（1）。

5 油に入れて素揚げにする（2、3）。上がりしなにシシトウを油に入れてこれもさっと素揚げにする。

6 ナガイモを半分に切り分ける（4）。

7 **3**の葱味噌を盛り、きざんだ長ネギをのせる（5）。

8 バーナーの炎であぶって香ばしさを付ける（6）。

生湯葉とゴーヤのだし醤油がけ

豆腐製品と野菜の組合せは女性客に人気の商品。トッピングとして砕いたクルミをのせ、ヘルシー感を出している。

仕込み

1 カツオだし2、濃口醤油1の割合で合わせて、だし醤油を作る（1）。土佐醤油よりも淡いこのだし醤油はいろいろな料理で応用が利くので、小まめに作って注ぎやすい容器で常備する。日持ちは利かないのでできるだけすぐに使い切る。

注文後調理

2 ゴーヤの先の方は縦割りに、太い部分は輪切りにして、ワタと種を除く（2）。

3 天ぷらの衣を付けて揚げる（3）。

4 生湯葉とゴーヤを交互に盛り（4）、だし醤油をかける。クルミを粗く砕いて乗せる。

さつま芋の天ぷら

天ぷらカウンターのある店では、サツマイモを客前で長時間かけて低温で揚げるのが最近の流行だが、それでは時間がかかりすぎるので、あらかじめ蒸しておく。また蒸すことで酵素が働き、イモのでんぷんが糖化されてより甘くなるという効果もある。

仕込み

1 サツマイモ(栗かぐや。クイックスイートとべにまさりを掛け合わせた品種)を20分間蒸す。半分に切り分け(1)、端の固い部分を切り、冷蔵する。なお端の部分は天ぷらの盛合わせに使う。

注文後調理

2 ラップ紙をかけて電子レンジで温める(2)。

3 薄めに仕立てた天ぷらの衣を付けて、180℃の油で揚げる(3)。

4 ザルに上げ、油がきれる前にすぐに塩をふって味をつける(4)。

5 縦に4等分する。塩味がついているので何も添えずに器に盛る。

3

1

4

2

酒とさかな こよし

【東京・浜田山】

〝お任せちょっとずつ盛り〟等の充実した酒肴の品揃えでそば店としてだけでなく居酒屋としても楽しめる店。

カウンターに並んだ器の数々。迅速な盛り付けができるとともにディスプレイの役目も果たす。

京王線浜田山駅から徒歩2分の至便な場所にある「酒とさかな こよし」は、店名に「蕎麦」の2文字を冠していない。店主の塚原裕樹氏は「古拙」（東京・湯島）で石井仁氏に師事し、その腕前は折り紙つきであるが、ことさらにそばを強調しない。常連客には酒と料理のみで帰る姿もあるが、それもまたよし。店名の「こよし」は「仲良しこよし」からきている一方で、「少し良い」という意味も込めている。酒、料理、そばのそれぞれの分野で「ちょっといい店」として、普段使いしてもらいたいという。

夜のメニューは「お野菜」「お魚料理」「お酒のつまみ」「お肉」「一品料理」「締めの手打ちそば」にカテゴライズされている。酒のつまみは「鶏レバー醤油漬け」や「椎茸旨煮わさび」のような珍味的なもの、一品料理には「だし巻きトリュフ風味」や「鴨肉自家製燻製サラダ」のようなそば屋の定番のつまみとそのアレンジが並ぶ。「しめさば」や「真鯛のカブト煮付け」といった魚料理は、塚原氏のもう一つの修業先である東京・新橋の鮮魚居酒屋「魚金」で学んでいる。

さらに特筆すべきは、魚料理よりも種類の多い野菜料理の数々だ。「銀杏の素揚げと栗チップス」「林檎のキャラメリゼ白和え」といった気の利いた料理の他、三種盛りや焼き野菜の盛合わせもある。野菜で飲むのが好きという塚原氏が、健康にもよいのでもっと食べてほしいというメッセージが込められている。

食材の移り変わりに合わせて、料理は2週間程度で入れ替わる。そのため狙い通り、常連客を決して飽きさせない店となっているのだ。

アルコールメニュー例

□おすすめ日本酒
大那 栃木
浦里 茨城
満寿泉 富山
雨後のつき 広島

□焼酎、割り物
黒霧島
富乃宝山
二階堂
中々
カットレモン
梅干し

□サワー・酎ハイ
夏季限定 生すだちサワー

秋刀魚のエリンギ巻き揚げ

季節のサンマでマツタケの代わりにエリンギを巻いた揚げもの。巻いたサンマははずれないよう爪楊枝などで止める方法もあるが、揚げたてを素早く提供したいので、あえて使っていない。

仕込み

1 サンマを大名おろしの技法で三枚におろす。中骨は揚げて骨煎餅にして添えるので、とりおく。身からヒレを切り落とし、腹骨を除く(1)。刺身の場合は小骨は骨抜きで抜くが、この料理では皮を切らないように気を付けながら、両脇から切り込みを入れて身と一緒に切りはずす(2)。

2 エリンギを縦半分に切り、サンマの上に斜めに乗せてくるくると巻き込む(3)。

3 はみ出した先端を押し込んで、はずれないようにする(4)。

注文後調理

4 打ち粉をせずに **3** に天ぷらの衣を付け、軽く握って衣を落とす(5)。こうすることで揚げ上がりに透明感が出る。

5 中骨は揚がるのに時間がかかるので先に油に入れる。180℃より低い温度で揚げる。サンマはカリっと揚がり、エリンギは蒸し焼きになるのが頃合い(6)。

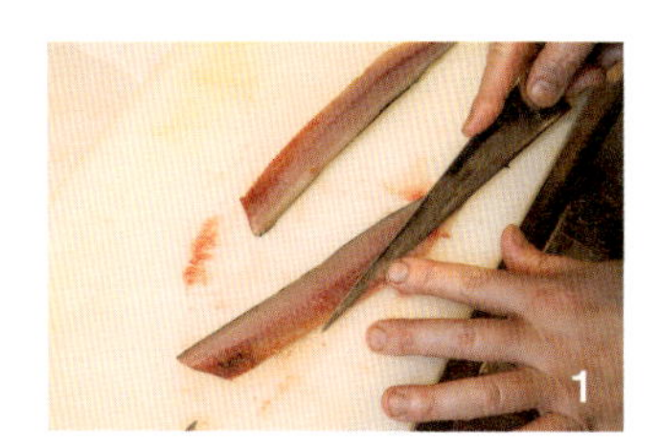

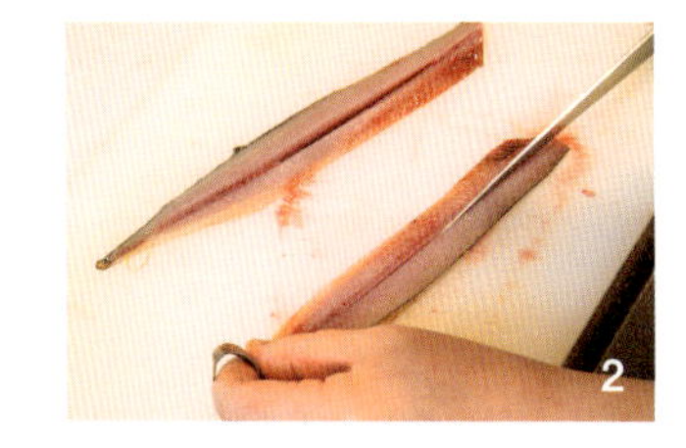

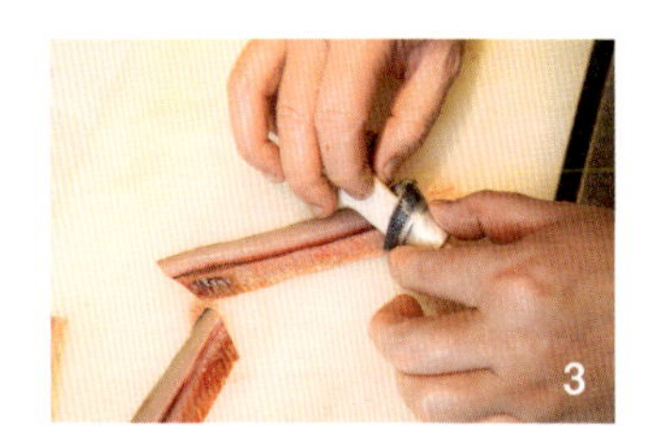

白菜と小松菜の信太巻き

信太巻きは葛の葉伝説の「信太の森の狐」からきており、狐が好むといわれる油揚げで素材を巻く料理。芯の野菜や油揚げが吸っただしが口の中でじゅわっと広がるのが楽しめる。

仕込み

1 ハクサイと小松菜を塩ゆでする。

2 巻き簾の上にラップ紙を広げ、油抜きした油揚げを並べる（1）。

3 油揚げの端に、水気を絞った1のハクサイと小松菜をのせる（2）。巻き簾を使ってラップ紙ごと棒状に巻く（3）。

4 ラップ紙ごと包丁で切り分けた後、ラップ紙をはずす。ほどけないようにもどしたカンピョウのひもで縛る（4）。

5 だし12に淡口醤油1、ミリン0.5を合わせて、吸い地加減の地を作る（5）。

6 4を入れて火にかけ、沸いたら火を止めてそのまま冷まし、味を含ませる（6）。

ふぐ皮白子和え

フグの産地で提供されていたフグの白子の和え物にヒントを得て、リーズナブルなタラの白子で仕立てた。

注文後調理

1 タラの白子を湯引きして、氷水に落とす(1)。

2 包丁で刃叩きする。食べごたえがあるようにすべて細かくきざまずに、塊の状態のものも残しておく(2)。

3 大葉ジソを細かくきざむ(3)。

4 細く切ったフグの皮に**2**の白子をのせる。大葉ジソをたっぷりと盛り、ポン酢をかける(4)。

鶏レバー醤油漬け

鶏のレバーとともにハツをさっと醤油で煮込む料理。ハツの周りを覆う脂がうまいので、あえてはずさない。煮汁にウィスキーを加えるので、ウィスキーとの相性もよい。

仕込み

1 鶏レバーからハツを切り分ける（1）。レバーやハツの中の太い血管に血が貯まっているので、切り開いて包丁の先でしごき出す（2）。

2 水、酒、醤油を同割で合わせる。

3 鍋に切り分けたレバーとハツを入れて、**2**を注ぎ、ウィスキーを加える（3）。火にかけ、沸騰したら混ぜながら、レバーとハツが白くなるまで1分ほど火を入れる（4・5）。

4 浮かないようにアルミホイルで落とし蓋をして（6）、さらに蓋をして余熱で火を入れる。日持ちは2、3日程度。

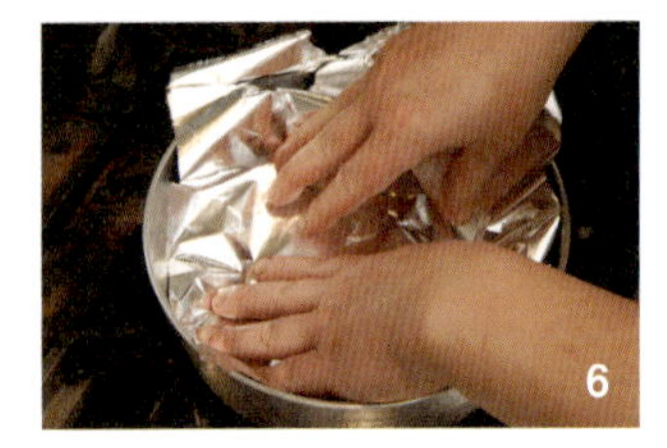

葱とお餅の揚げ出し

揚げたネギと餅に三ツ葉を加えた天つゆをかけた揚げ出し。餅はふくれるので、ネギより先に揚げておくとよい。休ませているうちに芯まで火が通ることも期待できる。

注文後調理

1 切り餅を縦3分の1に切り分ける。ネギも同じくらいの長さに切り分けておく(1)。

2 切り餅に打ち粉をして(2)、天ぷらの衣を付け、1分半揚げる。

3 ネギも同様に衣を付けて、焦げめがつくくらいに揚げて香りを引き出す(3)。

4 だし4.5、濃口醤油1、ミリン1の割合で合わせ、三ツ葉を入れてさっと煮て香りを引き出す(4)。

5 器にネギと切り餅を盛り付け、**4**の天つゆをかける。大根おろしをのせ、おろしショウガを天盛りする。

蕎や 月心

【東京・祐天寺】

一人客には嬉しい小サイズの料理や半合と八勺の量の日本酒も用意。

下記のメニュー例の他に、焼酎も豊富に用意。店内にずらりとディスプレイされている。

店の立地は東急電鉄学芸大学駅と祐天寺駅のどちらからも徒歩10分。旧目黒区役所の向かいなので地元民にはわかりやすい場所だが、住宅地のため通りすがりの入店はあまり期待できない。酒とそば好きの目的客が集う隠れ家的な店、それが「蕎や月心」である。入店は大学生以上から、夜はそばのみの提供は行なわずドリンクの注文もお願いしているのも、そうしたスタンスの表れだ。

店主の片所弘考氏は店造りにおいて、「こんなお店があったらうれしい」という顧客目線を重視した。その一例が、各料理に半分のポーションからなる「小サイズ」を用意した点。一人客はいろいろな料理が楽しめ、店側としても通常の半額というわけではないので売上増にもつながる。あまり量の食べられない女性や高齢者から好評であったりと、いいことづくめの選択肢である。また季節感のある料理は食材の入荷に応じて、別紙の手書きメニューで対応する。

ただし少量多品目の提供は店にとっては負荷が高い。最大13名収容の同店のサービスは片所久美子夫人の担当で、厨房は片所氏のワンオペレーションだ。そこを効率的な仕込みを行なうことで可能にしている。

日本酒も1合の他に、半合と8勺の量でも販売。定番の銘柄2種の他に約1週間のペースで入れ替える季節限定酒5種、別枠として千葉県・神崎町の蔵元「寺田本家」の無農薬無濾過自然酒を数種用意している。

お月見が好きなことから店名に、「月」の一字を拝借した片所氏。まさに月の如く、「地球=酒好き」に常に寄りそってくれる店なのだ。

アルコールメニュー例

□季節限定酒
農口尚彦研究所 純米
巻機 無濾過生 “艶”
豊盃 純米 “燗して”
一歩己 純米原酒

□寺田本家の日本酒
香取 純米 生酛90
むすひ 発芽玄米酒 生酒
醍醐のしずく 菩提酛仕込み 生酒
なんじゃもんじゃ 純米 生酛 生原酒
自然のまんま 純米 生酛 生原酒
五人娘 純米吟醸 生酛生原酒

□その他
梅酒 庭のうぐいす”鶯とろ”

自家製鶏ハムとポテサラ

通常のポテトサラダではいかにも居酒屋風なので燻製塩で仕立て、さらに自家製の鶏ハムを添えたご馳走感のある一品。トリュフ塩や燻製塩はそのままでは香りが強すぎるので、塩をブレンドして調整する。

仕込み

1 トリュフ塩、塩、砂糖、水を合わせて調味液を作る(1)。

2 皮付きの鶏もも肉と皮なしの胸肉を袋に入れて調味液を注ぎ、空気を抜いて1時間おく(2)。

3 皮側を下にしてラップ紙の上に乗せて、棒状にくるくると巻いてキャンデー状に包む。

4 70℃の湯煎にかけて30分間加熱する(3)。

5 男爵イモを半分に切って蒸す。皮をむいてマッシャーでつぶし、燻製塩、塩、コショウを加える。タマネギの薄切りを混ぜ合わせる。

注文後調理

6 棒状の2種類の鶏ハムをラップ紙ごと切り分ける(4)。ラップ紙をはずし、ポテトサラダとともに大葉ジソを敷いた皿に盛りつける。トマトの串切り、キュウリのスライス、粒マスタードを添える。

3

1

4

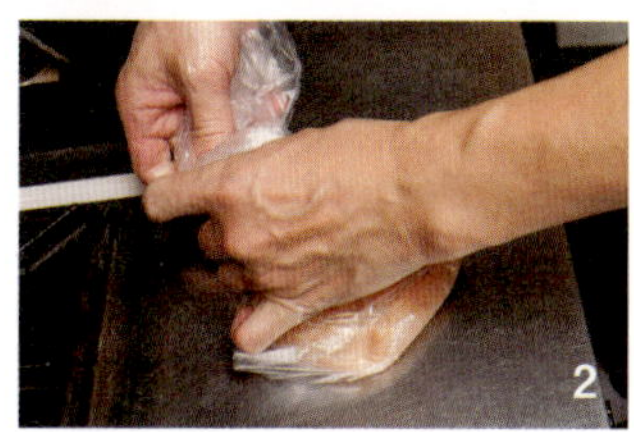
2

牡蠣のみぞれ煮

カキは冬のメニューで、蕎麦つゆ焼きや天ぷらにすることも。できれば1個30g越えの大ぶりなカキで仕立てたい。大根おろしは普通のダイコンだけではなく辛みダイコンも用いて、辛みのエキスを加えている。

注文後調理

1 カキを洗って水気を切る(1)。ネギを斜め切りにして、外側の部分と芯の部分に分ける(2)。

2 だしに淡口醤油のかえしを加え、ネギの芯の部分を入れる。カキを入れ、だしにカキの旨みを移す(3)。

3 普通のダイコンと辛みダイコンをそれぞれダイコンおろしにし、同量ずつ合わせる(4)。**2**の鍋に加える。

4 最後にネギの外側を加える。ネギの外側は加熱しすぎないようにして食感を残す。

5 器に盛り、水菜とユズの皮を添える。

3

1

4

2

イチジクの白和え

日替わりの白和えの一品で、和え衣をディップのようにイチジクに乗せてオリーブ油を回しかけた洋食感覚の仕立て。和え衣はミキサーにかけるとなめらかになりすぎるので、あえてすり鉢で作っている。

仕込み

1 白和えの和え衣を作る。絹ごし豆腐をペーパータオルで包んで1時間半前後重石をかけ、水気をきる(1)。

2 豆腐をすり鉢ですり混ぜる(2)。塩少量、砂糖少量、ミリン、淡口醤油、マヨネーズ、白味噌、すりゴマを加える(3)。

注文後調理

3 イチジクを皮ごと6分の1に切り(4)、**2**の和え衣を乗せる。小さく切った三ツ葉を飾る。

4 ゴマ、黒コショウをふり、オリーブ油を回しかける。

スルメイカの天ぷら

歯ぎれよく食べやすいよう短冊にしたスルメイカの天ぷらは、人気メニューの一つ。衣をもったり付けずに上品な仕上がりにする。

仕込み

1 スルメイカを開いて食べやすいよう包丁目を入れる。短冊に切って冷凍しておく。

注文後調理

2 解凍したスルメイカに下粉を打ち（1）、天ぷらの衣を付ける（2）。

3 上下に振って衣を落としながら、169℃（野菜が焦げない温度）の油に入れて揚げる（3）。

4 引き上げる際に天ぷらの端を油に浸けた状態で、一呼吸おく（4）。こうすることで表面張力の力で油切れのよい揚げ上がりとなる。

5 藻塩を添えて提供する。

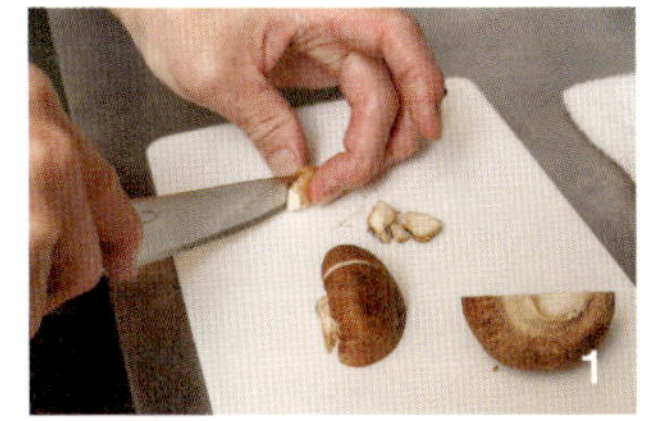

いろいろキノコと地鶏のお椀

具だくさんなキノコと鶏の具の入ったお椀。寒い季節、そばの台抜き感覚で楽しんでもらう。

仕込み

1 つくねを作る。鴨肉のミンチに長ネギのみじん切り、卵1つを加えて濃口醤油のかえし(冷たいそば用)で味をととのえる。練ってひと口大に丸め、そば湯に落として火を通す。これは鴨つくね汁せいろなどの具や、つくね焼きとしても使用する。

2 ネギを外側の部分と芯の部分に分ける。ギンナンの殻を割り、薄皮をむく。

注文後調理

3 シイタケの軸をはずし、細かく切る。傘は半分に切り分ける(1)。

4 だしに濃口醤油のかえし、淡口醤油のかえし(温かいそば用)を加える。**1**のつくねと**2**のネギの芯、ギンナンを加える。

5 シイタケ、マイタケを入れて蓋をして火を強め、キノコの旨みを煮汁に移す(3)。沸いたら火を弱め、シメジ、エノキダケを加える。

6 ひと口大に切った鶏のもも肉を加え(4)、ネギの外側を加える。

7 器に盛り、水菜とユズの皮を添える。

亀戸・養生料理 高の

【東京・亀戸】

鯨やジビエなどの珍しい食材を使ったつまみや、素材を余すことなく用いる栄養価に優れた独創的な料理。

イワナの骨酒からヒントを得て誕生した、熱燗の日本酒にあぶったシシャモを浸ける「ししゃも酒」。

JR亀戸駅至近の団地内という異色の立地で、営業時間は朝7時から。提供するのは蕎麦と寿司という和食の二大ジャンルを踏まえたオリジナルの料理。食材は魚介や野菜にとどまらず、鯨やジビエにも及ぶ。

そんな型にはまらない店が「亀戸・養生料理 高の」である。「養生料理」と店名に掲げるように、〝身体によい和食〟がコンセプトで、(一社)健康な食事・食環境コンソーシアムより、スマートミールを提供する外食店として認証を受けている。

グルテンフリーで完全食と言われるソバも、水溶性の栄養素はゆでると失われてしまうのが難点。そば湯を飲むことがその解決策となる。同店では十割そばをそば湯と酒を用いてつなぎ、余すことなく利用する。

また7時～9時の朝蕎麦の営業時間後は昼酒を楽しめるのも、同店の魅力の一つ。常備するのは高野氏好みの高知の「酔鯨」、新潟の「吟田(ちびた)川」、そして東京・芝の「江戸開城」。酔鯨の中取り純米は、地元亀戸に本店を構えるはせがわ酒店のPBブランド。江戸開城は、明治時代に廃業した造り酒屋の子孫が二〇一一年に立ち上げた東京港醸造が蔵元だ。23区内で東京の水で仕込むという、今もっとも東京らしい地酒である。

不定期でフランス産ソバ粉をワインでつなぐ十割そばも提供しており、それに合わせてフランス産のソバビールも提供開始。店のコンセプトとイズムに共鳴する酒を選ぶことで、この店らしさをさらに高めることに成功している。

アルコールメニュー例

□冷酒
墨廼江 宮城 かめくち 特別吟醸 無濾過生原酒
楽器正宗 宮城 備前雄町 混醸
姿 SG 生酒 栃木 飯沼銘醸
御前酒 岡山 雄町 菩提酛 純米酒
九頭竜 福井 純米

□本日の酒
紀土KID 和歌山
三井の寿 福岡 純米吟醸

□常備の酒他
酔鯨 高知 中取り純米
江戸開城 港区芝
吟田川 新潟柿崎
蕎麦湯割り

糠〆魚刺し

発酵をテーマにした料理で、青魚をへしこのように糠漬けにした刺身。薬味と一緒に刃叩きした糠〆はいわば"エースオブなめろう"だ。

仕込み

1 青魚を(今回使うのはアジ)三枚におろして1昼夜糠床に漬ける(1)。糠床は野菜と同じものだが、魚のにおいが付くので野菜とは別にする。

注文後調理

2 糠床から取り出し、胸ビレごとかまの部分を切り落とす(2)。腹骨を除く。これらはから揚げ用にとりおく。小骨を骨抜きで引き抜く。

3 皮目に縦に細かく包丁目を入れる(3)。へぎ造りにする。

4 なめろう用のアジは皮を引きはがし、適宜な大きさにきざむ。

5 ダイコンの古漬けを小口からきざむ(4)。ネギも同様に小口切りにする。ショウガを細切りにする。

6 **5**と一緒に**4**のアジを刃叩きして、なめろうにする(5)。

7 **2**のかまと腹骨、**4**ではがした皮は粉を打って油で揚げる(6)。

8 貝殻に**6**を盛る。**3**と糠〆のアジの握りずしを盛り合わせる。**7**、ワサビ、ダイコンの古漬けを添える。

鯨本皮糠〆刺し

新潟の郷土料理である鯨の味噌漬けに着想を得て、鯨の本皮を糠漬けにした。本皮は脂が多い素材なので、1年近く古漬けにすることができる。

仕込み

1 イワシクジラの本皮(50～70g の塊で販売される)を、糠床に漬ける(1)。

注文後調理

2 本皮を薄く切り出して、端を少しずつ重ねながらまな板に並べる(2)。

3 肉筋切り器を使って何度も針打ちし、柔らかく嚙み切れるようにする(3)。

4 **3**の薄切りに包丁目を入れて、握りずしにする(4)。

5 貝殻に青魚と同様に作った鯨のなめろうを盛り、**3**の糠〆と、これを使った握りずしを添える。ワサビとニンニクとの醤油漬けを添える。

3

1

4

2

猪カツレツ

イノシシのロース肉にそばの生地の衣をつけたカツレツ。キャベツのせん切りではなくイノシシが好むジャガイモやナッツを添えている。

仕込み

1 ダッタンソバと普通ソバの粉を同割で合わせた十割そばの生地の切れ端をザルにとって乾かした後（1）、ミルサーで砕いて衣とする。

注文後調理

2 イノシシのロース肉を薄く覆う脂身に包丁目を入れる（2）。

3 肉筋切り器で針打ちし、筋を切る。

4 挽きたてのコショウをふり、石臼挽きのソバ粉で下粉を付ける。ときほぐした卵にくぐらせて、そばを砕いた**1**の衣を付ける（3）。

5 端が固くならないように油で二度揚げする。まず1分間低温で揚げた後、引き上げて2分間休ませる。再び油に投じて揚げる（4）。

6 ジャガイモをかつらむきにし、端からせん切りにする。油で揚げ（5）、形がととのったら一度引き上げる。再び油に入れて二度揚げにするとともに、ミックスナッツ（カシューナッツ、クルミ、アーモンド）、ニンニク、赤トウガラシを加えて揚げ、一緒に引き上げる（6）。

7 自家製のレモンのソース（レモンの皮をきざんで日本酒を加えて煮詰め、だしでのばしたもの）をかける。

大海老天ざる蕎麦

小麦粉や卵水ではなくソバ粉を水で溶いた衣を使ったオリジナルの天ぷらそば。天ぷらの海老は3尾つけるうち、そのうち1尾の頭をカリッと揚げて添えている。

注文後調理

1 有頭の天然車エビの頭を除き、殻をむく。身に包丁目を入れ(1)、反対向きに反るように曲げて腰を抜き、まっすぐにする(2)。残る2尾はバナメイなどの無頭の養殖エビを用い、同様に下処理する。

2 下粉のソバ粉を打ち、ソバ粉を水に溶いた衣をつけて揚げる。

3 油の中に細くソバ粉の衣を垂らしてエビにまとわりつかせ、花を咲かせる(3)。ピーマンと茶筅切り(縦に包丁目を入れて茶筅のような形にする)のナス、シイタケも同様に衣を付けて揚げる(4)。

4 大豆をそば湯で煮た呉汁に昆布、シイタケ、カツオ節を加えただしとかえし(濃口醤油、ミリン、砂糖)で作った天つゆと塩ですすめる。十割そばともりつゆの他に、ミンククジラの赤身の握りずしを付ける。

護摩蕎麦

具だくさんのゴマ仕立ての汁の中に、太打ちのそばを投じる鍋料理。具の肉は鴨、鹿、猪、鯨赤身、鯨本皮より選べる。最後に卵と玄米のとろろご飯で雑炊に仕立てると汁も残さず食べきることができ、栄養バランスの取れたスマートミールの認証を受けている。

仕込み

1 鴨のもも肉をひと口大に切り分けて、炭火であぶる(1)。
2 野菜は季節のものを使う。江戸野菜の亀戸ダイコンを根と葉に分け、葉から軸を切りはずし、縦に切り分ける(2)。下ゆでしたカブ、厚揚げ、コンニャクを食べやすい大きさに切り分ける(3)。
3 シイタケ、ネギ、シシトウを串打ちして、炭火で焼き目を付ける(4)。
4 タマネギを粗みじんに切る(5)。ゴボウとレンコンは薄切りにする。
5 **4**を少量の油で炒め、前述の大豆入りのだしを加える(6)。かえし、黒の練りゴマ、肉味噌(鶏挽き肉を酢で煮て、砂糖、赤ミソで味をととのえたもの)、呉(大豆のペースト)を加える。

注文後調理

6 小鍋に**5**の汁を注ぎ、卓上コンロの火にかける。**1**、**2**、**3**の具、煎りゴマを入れて煮た後、太打ちのそばを投じてもらう。

蕎麦の膳 たかさご

【東京・神楽坂】

ホテルの調理場で修業した4代目が手掛ける蕎麦で締めくくる日本料理のコース。

ガラス作家、船木倭穂氏の酒器を揃える。中央は農口尚彦研究所の酒粕で漬けてもらったワサビのお通し。

東京・牛込神楽坂の「蕎麦の膳たかさご」は、明治から続く老舗そば店だ。日本橋茅場町で創業し、今の場所に店を構えるようになったのは1952年から。戦後はGHQの衛生指導で機械打ちを導入していたが、91年の改装を機に3代目宮澤佳穂氏が手打ちを復活させた。佳穂氏は自家製粉に取り組む傍ら、東京の檜原村や日の出町でソバを栽培。またNHK文化センターの講師を務め、2004年にNHK出版より『そば打ち入門のコツのコツ』を出版している。

そんな同店で現在厨房を任せられているのは、4代目宮澤和彦氏だ。東京調理師専門学校を卒業し、ホテルオークラ東京に入社。ホテルオークラ東京「山里」、オークラ千葉ホテルなどで12年間日本料理の修業を積み、2009年に実家に戻ってきた。

店では「わさび漬け」や「たたき海苔」など老舗そば店らしい定番のつまみを揃える一方で、「豚角煮」や「天然真鯛兜煮」など日本料理の修業を積んだ和彦氏らしい一品もある。

さらに氏の真骨頂を発揮するのは、店名にもある夜限定のコース料理「蕎麦の膳」だろう。先付、前菜、椀物(またはそばがき)、お造り、強肴、揚げ物と進み、せいろうのそば、デザートで締めくくる。

酒器は故・船木倭穂氏作のガラス器。酒は佳穂氏が毎年直接買い付けに行く石川県・小松市の農口尚彦研究所の日本酒を中心に揃えるというふうに、並の日本料理店には負けないこだわりの空間を作り上げている。

アルコールメニュー例

□日本酒
農口尚彦研究所　本醸造無濾過原酒
同　純米無濾過生原酒
同　夏酒(期間限定)
同　山廃美山錦(吟醸酒)純米無濾過生原酒
常きげん　加賀の雪　本醸造酒
同　純米酒超辛口
宗玄　純米酒
鮎正宗　本醸造酒
同　限定純米酒(辛口)
奥播磨　純米酒
鍋島　純米吟醸酒

□焼酎他
麦焼酎蕎麦湯割り
梅酒ロック

前菜　菊花浸し

黄色と紫色の菊花と、緑色の春菊の彩りが美しいお浸し。その他の前菜は3種類で、柿の白和え、白子ポン酢掛け、わかさぎの南蛮漬け。

仕込み

1 酢水を作り(1)、黄色の坂本菊、紫色のモッテノホカをゆでる(2)。色が変わらないよう氷水に落とす(3)。

2 春菊を塩ゆでして、氷水に落とす。

3 **1**、**2**をだし(サバ節、ソウダ節、カツオの本枯節)に、淡口醤油、酢、ミリンを加えた加減酢に浸け(4)、混ぜ合わせる。

4 柿の白和えの具はカキ、クリ、シメジ。クリは皮をむいて湯で少し柔らかくなるまでゆで、吸い地で炊く。シメジもゆでて吸い地で炊く。白和えの衣は豆腐をゆでて水気をきっておく。塩、ミリン、砂糖、色がつかない程度の淡口醤油を加える。

5 白子に塩をまぶして洗い、ひと口大に切る。昆布だし、塩、酒で炊く。自家製ポン酢(ユズの搾り汁に追いガツオをし、差し昆布をして、濃口醤油、ミリンを加えたもの)をかける。

6 ワカサギに片栗粉を打って揚げる。タマネギの薄切りを敷き、熱い南蛮酢(だし、酢、ミリン、淡口醤油、砂糖、塩)をかける。冷蔵庫で2日間ほど日持ちする。

1

2

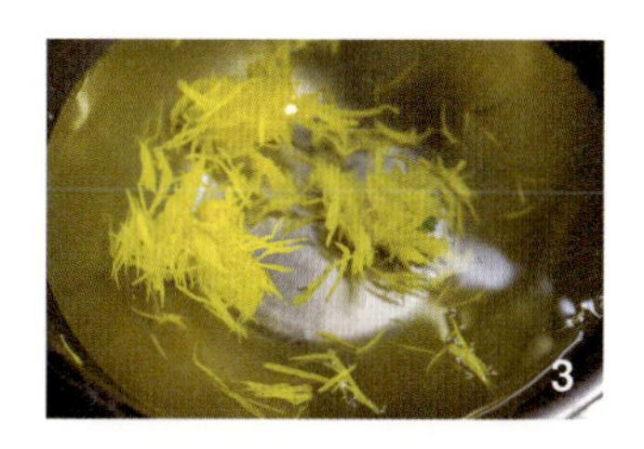
3

4

造り
帆立焼霜
鯛へぎ造り

造りは3点盛り。ホタテはさっとあぶって焼き目をつける。表面が白く変わる姿を霜が降りた様子に見立てて「焼霜」と呼ぶ。

注文後調理

1 ホタテの殻を開き、内臓やヒモをはずして貝柱を取り出す。金串を打つ(1)。
2 ガス台の炎であぶって焼き目をつける(2)。火が通りすぎないよう氷水に落とし、串をはずす。
3 横半分に切り分ける(3)。
4 三枚におろしたタイを皮側を下にしてまな板に置く。包丁を斜めに傾けて、尾のほうからへぐように切る(4)。
5 マグロの角切り、つま野菜(カボチャのけん、よりニンジン、花穂ジソ、紫芽、大葉ジソ)とともに器に盛る。

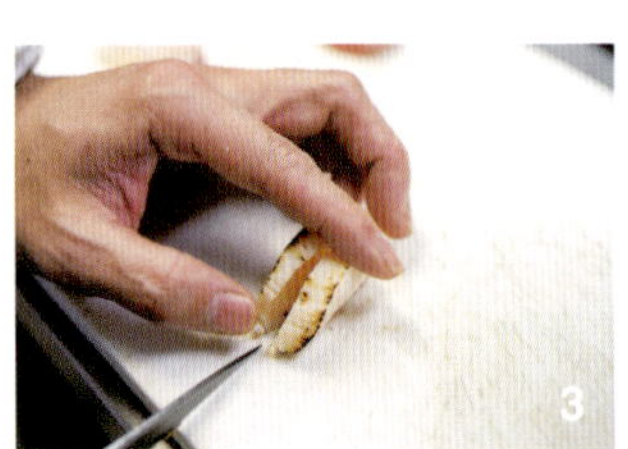
3

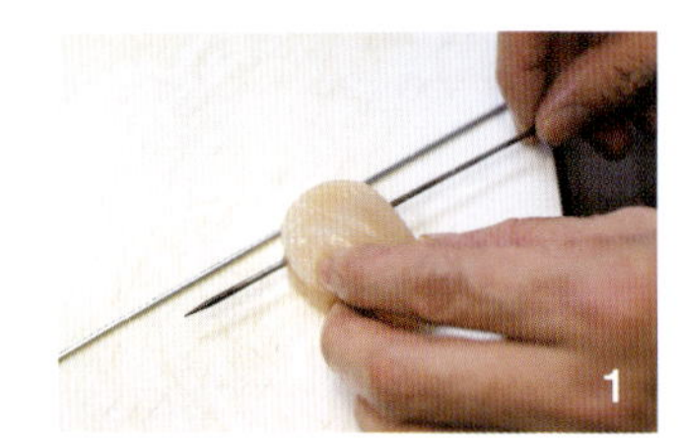
1

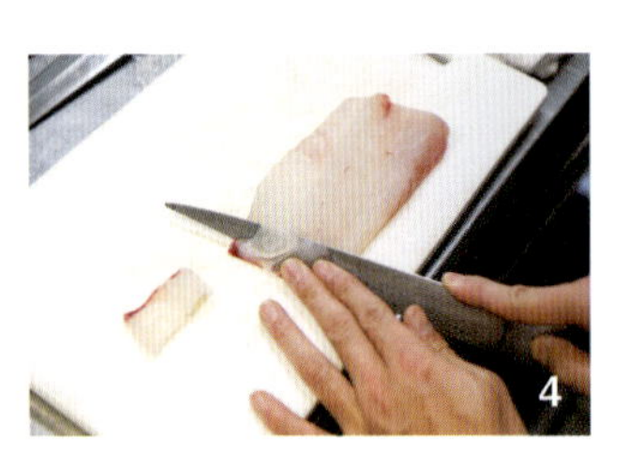
4

2

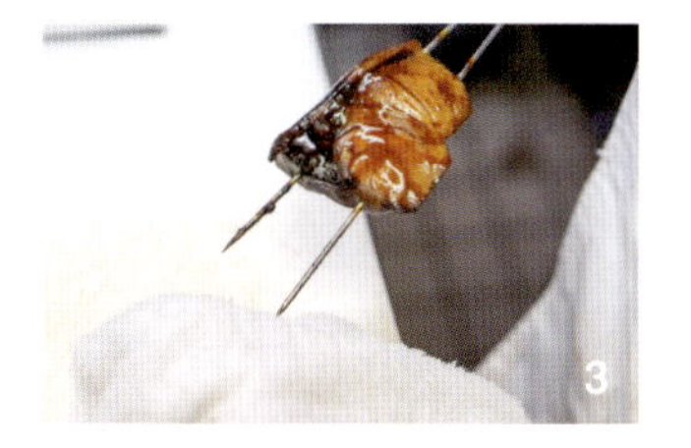

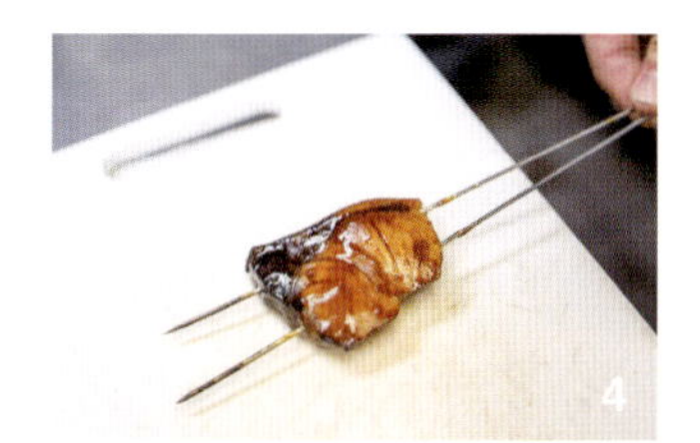

焼物
鰤照り焼き

焼いた中骨を加えて旨みと香ばしさを足した魚だれでかけ焼きにする焼物。コースではこの後に揚げ物が続き、そば、デザートで締めくくる。

仕込み

1 酒、濃口醤油、砂糖、ミリンを合わせ、焼いたタイの中骨を入れて煮詰め、魚だれを作る。

2 ブリの切り身を30分間浸ける。

注文後調理

3 串打ちし、下火の焼き台で焼く（1）。

4 いったん火からおろし、**1** の魚だれをかけ（2）、再度焼く。こうして3回ほどかけ焼きにして照りを出す。

5 串を抜く際には、先端についた焦げを拭き取った後（3）、串を何度かよじっておく（4）。いきなり抜くと焦げが身についたり、身が割れたりする。

6 ダイコンおろしとワサビ漬けを添える。

厚焼玉子

だしをほとんど加えず、卵だけで焼く関東風の玉子焼き。焼き方はだし巻きと同様だが、焦げやすいので難易度が高い。

注文後調理

1 有精卵を4個割卵し、きび糖を加える(1)。よくときほぐし、甘汁と二番だしをそれぞれ少量加える。

2 熱した巻き鍋に油を引く(2)。

3 **1**の卵液を流す。鍋をゆすりながら卵液を広げ、泡ができたら金箸ですばやくつぶす(3)。

4 手前に向かって折りたたみ、おしぼりのように巻いていく(4)。

5 鍋の空いた部分に再度油を引く。

6 巻いた卵を奥に押しやり、空いたスペースにも油を引く(5)。ここに再び卵液を流す。

7 押しやった卵を持ち上げ、その下にも卵液を回す(6)。

8 再び手前に向かって折りたたむ。**5**〜**7**を繰り返して厚みを出す。

9 大根おろしを添えて器に盛る。

第2章

天ぷら

以下、2章～4章は雑誌『そばうどん』の好評連載「定番は偉大なり」から3つのテーマをピックアップ。この企画はオーソドックスなジャンルの中から、料理や種物のバラエティを取り上げるもので、最初は定番中の定番の「天ぷら」です。文政年間（1818年～30年）にはすでに天ぷらそばが売られていたと言われ、そば店とは切っても切れない間柄。天つゆはかえしとだしを使って作ることができ、そば店にとってアドバンテージのある料理です。

蕎麦切 はたる

【福岡市・中央区】

天ぷらを看板商品として、1品ずつ客前で揚げるスタイルを採用。天ざるは天種の組合せの異なる3種類を用意する。

かきあげ

左奥／材料はシラサエビ(ヨシエビ)とホタテの貝柱。衣は作り置きせず、その都度薄力粉を卵水で溶いて作り、最小限にとどめて薄衣にし、それぞれの存在感をはっきりと際立たせる。揚げ油は博多ではサラッとした油が好まれるため、ほどよい軽さを求めて白絞油と綿実油を同割で合わせて使っている。藻塩、またはダイコンおろしを加えた天つゆで提供する。

天ぬき

右奥／先のかきあげをかけつゆで提供する一品。なお揚げはじめは170℃の油温を揚げ終わりは180℃まで上げ、カラリとした油切れのよい揚げ上がりとしている。

天ざる

手前／お客のおよそ7割が注文する人気メニューで、天種の違いによって価格の異なる3種類を用意する。3種類のいずれも野菜、白身魚、貝類などを使った6～7品で構成され、時季の素材を使って揚げたてを1品ずつ提供するスタイルを採用している。写真はクルマエビ、タケノコ、稚アユ、シラウオ、フキノトウ、ツクシ。手打ちそばは十割で、さらしなと、甘皮まで挽き込んだ粗挽き粉で打ったそばのどちらかを選べる。

浜町かねこ

【東京・水天宮】

季節の食材をはじめ、常時10種類以上を提供。一八〇～二〇〇℃の温度帯を素材に応じて使い分ける。

天ぷらそば

奥／そばも天ぷらもベストの状態で食べていただけるように別盛で提供。天種は通年安定して仕入れることができる才巻エビ、アナゴ、ナス、シシトウ、マイタケ(夏はズッキーニ)で構成する。衣は日清製粉㈱の特選薄力粉「バイオレット」を選んでおり、卵水は全卵1個に対して水1ℓ。油は綿実油を使用する。

わかさぎ

中央左／冬の限定メニュー。軽く下粉をし、衣を付けたら胸ビレを立てて頭を先に油に入れ、20～30秒揚げてから全体を揚げる。固い頭にもしっかりと火が通り、香ばしく食べられる。

白子

中央右／高めの温度で短時間揚げ、ねっとりした触感を残す。

天ぷら盛り合わせ

手前／季節で随時変更しており、写真はレンコン、カボチャ、サツマイモ、ミョウガ、フキノトウ。なお天ぷらには、昆布だしに溶かした粗塩を蒸発させて再結晶させ、乳鉢で細かくした藻塩を添えている。

手打ちそば 登喜和屋

【神奈川県・川崎市】

天つゆは3種類の節からとった出汁に丼だれを合わせたもの。駿河湾産サクラエビのみで仕立てたかきあげは岩塩で提供。

天ざる

左奥／天ぷらはフラワー(クマエビ)1尾と野菜の盛り合わせ。写真は大葉ジソ、ナス、サツマイモ(紅はるか)で、そばは外二の細打ちの手打ちそば。辛汁に用いるだしは、中厚削りのカツオ節とソウダ節を1時間煮詰めた、節の風味を生かしたもので、かえしは濃口醤油とザラメを使った本がえし。創業時から受け継ぐ甕で夏季は10日間、冬季は2週間以上寝かせてから使う。このだしとかえしを3対1の割合で合わせて、ミリンを足して辛汁としている。

天種 並

中央右／クマエビ、ナス、アワビタケ、大葉ジソ、サツマイモ(紅はるか)などの7種類。天つゆはカツオ節、ソウダ節、サバ節でとっただし5に対して、丼だれ(濃口醤油、砂糖、ミリン)1を合わせたもので、他にドイツ産岩塩も添えている。

桜えびかきあげ ※現在は終売

手前／かつて提供していた駿河湾産のサクラエビだけで仕立てた4～5月の季節メニュー。ヒゲを取り除いたサクラエビを1人前あたり50g使用している。サクラエビは提供直前にさっと湯通ししてから衣にくぐらせ、成形しながら揚げる。こちらは岩塩のみを添えている。

蕎麦さだはる 西新橋店

【東京・西新橋】

立ち食いそば店でも、天ぷらは注文を受けてから揚げたてで提供。かき揚げは水の替わりにだしで溶いた衣で、特大サイズ。

天ざる

左奥／一日におよそ100食売る人気メニューで、かき揚げは15～16㎝の特大サイズ。用いる食材はタマネギ、ニンジン、ピーマン、エビ、イカゲソ、小柱で、衣は小麦粉と全卵を昆布と厚削りのカツオ節で溶いただしで溶いている。味のついた厚めの衣に具材を押し込むように成形しながら160℃の白絞油で30秒揚げた後、サクッとした食感に揚がるよう180℃の白絞油に移してさらに30秒揚げている。そばは押出し式製麺機で作る石臼挽きの十割そばで、5㎜の太さにして食べ応えを打ち出す。つゆは既製品のかえしに砂糖、酒、ミリンなどを加えてさらに味をととのえ、前述のだしを加えたもの。

野菜の天ぷら盛り合わせ

中央奥／天種は季節替わりで、写真はナス、レンコン、エリンギ。

豚肉天ぷら

手前／豚バラ肉を1人前100ｇ使う。厚みのあるもっちりした食感の衣はかき揚げと同じで、さっぱりと味わえるようおろしポン酢を添えている。

焼酎のそば湯割り。25度の甕入りの焼酎に同量のそば湯を加えて提供する。７年前から始め、減った分は継ぎ足しで補充しており、常に寝かせているためにまろやかな味になっている(亀戸・養生料理 高の)。

第3章

かしわ

「かしわ」は鶏肉を表す言葉で、かつての肉鶏の羽毛の色が柏の葉のような茶褐色であったことからきているという説があります。「かしわ南蛮」は天保12年（1841年）の『江戸見草』に登場しており、由緒正しい料理名。南蛮はネギのことで、鶏とネギの組合せを串に刺せば焼き鳥に早変わり。その他、親子丼や照り焼きなど、庶民的なそば店には欠かせない素材であり、メニューの幅を広げるには頼もしい存在です。

東京赤坂やぶそば

【東京・赤坂】

鹿児島県産さつま地鶏のもも肉を使用。
カレー出汁は切れやすいそばよりもうどんがお勧め。

そば屋のカレーうどん

奥／もも肉をひと口大に切り、タマネギ、ネギとともに甘汁（温かいそば用のつゆ）と丼たれで作ったかけつゆで煮て、火が通ったらカレー粉と片栗粉を加えてとろみをつける。甘汁はサバ節と荒節、かえしで仕込んだ出汁で、丼たれはかえし、辛汁（冷たいそば用のつゆ）と甘汁、みりん、合成酒などを合わせて仕込んでいる。「そば屋のカレーうどん」として提供しているのは、外一で打った繊細なそばのため、そばだとカレー出汁の重さで切れやすいことから。「おそばで食べたい」というリクエストがあれば、切れやすいことを了承いただいた上で「カレー南蛮そば」での提供も行なう。

とりわさ（生わさび和え）

中央／スライスしたもも肉とネギをそれぞれ熱湯でさっとゆで、ワサビ醤油で和える。ワサビは静岡・天城からの直送品。しっとりとした柔らかな食感の鶏肉を、おろしたての生ワサビの清涼感ある辛みときざみ海苔の香味が引き立てる。

そば屋の焼き鳥

手前／食べやすい大きさに切って、フライパンに入れ、たれをからめて焼き上げる。特製のたれは継ぎ足しで作っており、醤油と砂糖で仕込んだかえしにミリン、水飴を合わせたもの。

そば・料理

あたり屋

【大阪市・東三国】

大阪の下町、東三国の地元に根差し
鶏料理などひと手間かけた70種類余りの一品をラインアップ。

唐揚げ

奥／手羽先に塩をもみ込んで２時間置いた後、８時間陰干しし、160℃で約５分、185℃で約２分素揚げにする。仕上げにイタリア産の海塩、粗挽きの黒コショウ、㈱原了郭の粉ザンショウをかける。

ささみのおろし和え

中央左／たっぷりの梅の種を酒に入れて30分ほど加熱し、淡口醤油で味をととのえた煎り酒でささ身を湯通しする。辛みダイコンのすりおろしを添える。

わらびと鶏つくね汁のざるそば

手前／３～４月の季節商品で、つくねはせせり(鶏の首まわりの肉)の挽き肉に少量の全卵と塩を合わせている。３日かけてあく抜きしたワラビとともに、もり汁を鶏がらスープで割ったつゆで煮て、粟麩、白ネギ、木ノ芽をあしらう。

手打ちそば 藤村

【京都市・山科区】

毎日仕入れる鶏もも肉を使用する、
かけつゆの味わいを存分に生かした定番のつまみと丼物。

親子丼

奥／京都市中央卸売市場からほぼ毎日仕入れる国産鶏を使用。もも肉をかけつゆで煮て、仕上げに九条ネギと卵2個を加える。かけつゆは真昆布、サバ節、ソウダ節、ウルメ節、サワラ節、カツオ節の粗削りでとっただしと、2種の濃口醤油と淡口醤油、ザラメ糖、ミリンで仕立てたかえしを合わせたもの。

鳥なんばそば

中央／もも肉を煮立てたかけつゆにくぐらせて火を通す。温かい種物に使うそばは十割で、外皮を挽き込んだ粉で打っている。

鶏のてりやき

手前／強火にかけた鉄製のフライパンに、鶏もも肉を皮目を下にしてざるつゆ用の本がえしとともに入れ、皮面が色付いたら裏返して油脂分とかえしをからめ、蓋をし、中火で蒸し焼きにする。途中でネギも加えて蒸し焼きにし、添えている。

あさだ

【東京・新川】

130年前に八丁堀で創業した老舗の3代目と4代目が作る
東京のそば屋らしい基本の3品。

かしわ南蛮

奥／鶏肉の仕入れは東京・築地の鶏肉卸、㈱鳥藤に一任しており、使うのはもも肉のみ。もも肉とネギをかけつゆで煮込み、毎日自家製麺する茶そばと合わせる。

とり焼き（塩）

中央／もも肉を大ぶりに切って、塩、コショウをふり、香ばしい焼き色がつくまでフライパンで焼き上げる。

親子煮

手前／そぎ切りにしたもも肉とタマネギを丼汁で煮込んでから溶き卵でとじ、仕上げに卵黄を落として三ツ葉を散らす。丼汁はもりつゆに砂糖を加えたもの。

守破離 黒門日本橋店

【大阪市・日本橋】

徳島県産の銘柄鶏「阿波尾鶏」の朝締めを使用。つけ汁のそばには3種類を用意する。

地鶏きのこつけ汁そば

奥左／ざる用のかえし（濃口醤油、ミリン、上白糖）をかけ汁用のだし（サバ汁、ソウダ節、ウルメ干し、真昆布など）で割ったつゆでもも肉を煮て、5割方火が通ったら、キノコとネギを加えてさらに煮る。そばは十割、二八2種を用意するが、温かいつゆと合わせてもコシが楽しめる二八の太打ちがおすすめ。

山椒焼き

奥右／濃口醤油、ミリン、石臼挽きの粉ザンショウ（㈱やまつ辻田「国内産 特 山椒」）を合わせた地にもも肉を約3時間浸けておき、注文ごとに焼き上げる。

辛味鶏

手前／さっと湯通ししたささ身に辛味ダイコンの粗いすりおろしと、きざんだ三ツ葉をのせ、ざる汁にだしを加えたつゆをかけ、海苔をふる。

麺坊 万作 南花台本店

【大阪府・河内長野市】

佐賀県の平飼いの銘柄鶏、ありたどりを使用。だしは麺の種類に合わせて2種類を引いて使い分ける。

親子丼

奥／トウモロコシや米糠、海藻の乳酸菌発酵エキスなどを混合した飼料を与えて平飼いした、佐賀県産の銘柄鶏である「ありたどり」を使用。ざる汁用の濃口醤油のかえしをだしで割ったつゆでもも肉に火を入れ、卵でとじる。

とりそば

中央／かけ汁用のかえしをだしで割ったつゆにもも肉をくぐらせる。麺類のメニューは機械打ちのそば、手打ちの二八そば、うどんの３種類から選ぶことができる。機械打ちと手打ちはだしも別に用意しており、機械打ちのだしはサバ節、ウルメ節、ソウダ節、カツオの荒節と本枯節、真昆布を２時間かけて毎日引き、味のベースとなる。

鶏とセロリの実山椒オイル和え

手前／そば、ご飯物、デザートなどからなるセットメニューの一品。胸肉をセロリの葉、塩、砂糖とともにファスナー付きのポリ袋に入れて空気をよく抜き、65℃で40分湯煎した後、自家製の山椒油で和える。山椒オイルは実ザンショウを米油に入れて加熱し、その香りを移したもの。

「Telenn Du」はフランス・ブルターニュ産のソバと大麦麦芽で仕込む黒ビール。店ではビールと相性のよい、揚げたそばの生地の端とブルーチーズの組合せ「そばティーヤ」を添えて提供する(亀戸・養生料理 高の)。

第4章

鴨料理

鴨肉こそそば店で提供されてきた歴史は古く、「鴨南蛮」は早くも文化年間（1804年～18年）に登場したと言われています。その考案者は本章筆頭の「元祖 鴨南ばん 本家」初代である笹屋治兵衛。同店では昭和になって冷たいそばを温かいつけ汁で食べる「鴨せいろ」も登場し、鴨肉はそば店にとって不動の地位を築きました。ご馳走感のある食材であり、ワインなどの洋酒にも合うため、近年ますますその重要性が高まっています。

元祖 鴨南ばん 本家

【神奈川県・藤沢市】

長崎の南蛮煮から着想を得て
江戸時代の創業者が考案した鴨南蛮を現存する資料から再現。

鴨肉豆腐

左奥／冬期に提供しているメニューで、鴨の胸肉ともも肉を、豆腐や長ネギ、コクを出すための鴨の皮とともに加熱してから卵でとじている。

初代 治兵衛の鴨南ばん

中央／青森県産バルバリー種の鴨を使用。胸肉ともも肉を適宜な大きさに切り分け、鴨の脊髄と骨、千住ネギとともに生のままつゆに入れて加熱し、そばを合わせる。鴨肉は火であぶったりしておらず、ネギはもちろん脊髄や骨も入れた状態で盛り付けており、具材としてだけでなく、だしの素という性格を持っている。そばは七三の細打ちで、鴨のうまみを引き出したつゆとのバランスに考慮して、挽きぐるみの粉を使っている。

鴨の肝煮 ※現在は終売

手前／こちらは以前提供していたメニューから。鴨の肝臓、心臓、砂肝を濃口醤油、酒、砂糖、ミリンで煮つけ、実ザンショウ、木ノ芽、白髪ネギなどを添える。現在のメニューでは、一品料理としては鴨わさやハツ焼を用意している。

川むら

【東京・日暮里】

谷根千に近い日暮里の地で150年以上続く老舗が作る
ベルギー産ミュラール種のマグレ鴨の鴨せいろや山椒焼。

鴨とじ丼

奥／親子丼の鶏肉を鴨肉に置き換えたもので、ベルギー産ミュラール種のマグレ(肥育)鴨を使用。胸肉と長ネギをミリンを加えた御膳がえしで味をととのえ、卵でとじている。米は千葉県多古町の銘柄米「多古米」。

鴨せいろ

中央／胸肉を約８㎜の厚さに切り、つゆでおよそ１分間加熱するだけにとどめて、しっとりと柔らかい食感に仕上げる。つゆは辛すぎず、さりとてあっさりしすぎないように、もり汁(カツオ節のだし)とかけ汁(カツオ節、ソウダ節、サバ節のだし)を同割で合わせたものを使う。そばは栃木県産のソバ粉を使った二八の細打ちで、強いコシを楽しんでもらう。

鴨山椒焼

手前／火が入りすぎて固くならないように、胸肉を塊のままさっとソテーする。味つけは甘めのかえしと粉山椒で、粉山椒はさらに別添えにして好みでかけてもらう。

手打ちそば 芳とも庵

【東京・神楽坂】

新潟の猟師が網猟で捕った野鴨を使った鍋が看板商品。鍋の最後にはとうじそばの要領で、鍋の汁でそばに火を入れる。

野鴨鍋

野鴨は新潟県の猟師が銃ではなく網で捕ったものを仕入れており、狩猟期に応じて毎年11月下旬から翌2月頃まで提供する看板商品。野鴨のガラと野菜を入れておよそ半日以上炊いただしを合わせて鍋の汁とする。まず初めはスライスした鴨のもも肉を入れて食べた後、薄く切った胸肉とともに、味の吸いやすいニンジン、ダイコン、ハクサイ、シイタケ、春菊、長ネギ、エノキダケ、白滝などの具材を入れて鴨とだしの旨みを存分に味わってもらう。そして締めくくりにはとうじそばの要領で、とうじ籠(柄のついた柄杓型のざる)にそばを入れて客自身が鍋に投じ、さっと火を入れて食べてもらう。そばは「江戸そば」と「粗挽そば」の他に、水の代わりに呉汁(大豆をすりつぶした汁。豆腐の原料)で打った「津軽そば」の3種類を用意しており、この中から好みで選べるスタイルをとる。

手打ち蕎麦 かぶらや

【兵庫県・芦屋市】

チェリーバレー種の銘柄鴨である京鴨を使用。
鴨せいろに添える胸肉は真空調理の技法で加熱後に炙り、別添えに。

鴨のフリカデレ　※現在は終売

奥／以前行なっていた夜のコースで提供していた一品。ハンバーグの原型と言われるドイツ料理のフリカデレをイメージした仕立てで、鴨の端肉と牛肉の挽き肉にクミン、カルダモン、ナツメグなどを合わせてスパイスの風味を利かせている。

つくね南蛮

左奥／つくねは鴨を下処理にした際に出た端肉、せせり（首肉）入りの鶏肉の挽き肉、鶏のやげん軟骨の粗挽きをタマネギなどと合わせて、塩、コショウで調味したもの。そばはせいろと同様に十割そばを合わせる。またこの料理と炙り鴨せいろには、冬季は甘みの強い兵庫県産岩津ネギ、それ以外の季節は白ネギを軽く焼いて加えており、つゆにネギの甘みと香りを移している。

炙り鴨せいろ

手前／鴨肉の団子入りのつゆと、鴨胸肉のローストを別添えにした細打ちの十割そば。胸肉のローストは濃口醤油とミリンを合わせた調味液に塊のまま8時間浸けた後、60℃で2時間湯煎する真空調理の技法でしっとりと仕上げる。提供直前に皮目をあぶって香ばしさを加えるとともに、脂を適度に落としているため、つゆに鴨の脂が流出することがなく、そばの風味を損なわない。これはつゆに入れずにそのままでも味わえるよう、マスタードとオレンジのピュレを合わせたソースや柚子胡椒などを添えて別皿に盛る。

蕎麦 石はら 世田谷本店

【東京・世田谷】

都内で5店舗展開するうちの旗艦店。
蕎麦以外のメニューも豊富でつまみと酒に注力。

鴨ロースの西京漬け焼き ※現在は終売

奥／鴨料理は以前提供していたメニューから２品紹介する。鴨ロースの西京漬け焼きは日本酒や焼酎に合うつまみとして開発、人気だった一品。胸肉を塊のまま皮目だけ焼き、酒でのばした西京味噌に２日間漬け込んだ後、スチームコンベクションオーブンで70分間蒸し焼きにする。さらに表面をあぶって香ばしさをまとわせて提供していた。

国産合鴨ササミ刺身 燻製醤油で ※現在は終売

中央／合鴨ササミは筋や血合いを掃除して湯引きしたもので、鴨肉特有の風味の強さに合わせて燻製を利かせた醤油ですすめ、さらにアクセントとして柚子胡椒やワサビの茎の漬物を添えていた。

鴨せいろ

手前／和歌山県産の合鴨を使用。３㎜の厚さに切ったもも肉と、軟骨ともも肉のミンチで作る肉団子が具材で、注文が入ったらつゆを加熱し、もも肉と肉団子、長ネギを入れて火を入れている。つゆはカツオ節、ソウダ節、昆布のだしで作ったもり汁に、カツオ節、サバ節、昆布のだしを４対３で合わせたもの。そばは十割または二八の細打ちで、添えているのは白髪ネギとユズ。

富士見庵

【川崎市・中原区】

近くの商店街の一角へ移転したのをきっかけに定番料理の他に新メニューを開発。

鴨せいろ

奥／柔らかな青森県産バルバリー種の雌の鴨を使用。胸肉を５㎜ほどの厚みに切り、香ばしさが出るようにフライパンで両面をさっと焼いてから、加熱したつゆに入れてごく軽く火を通す。つゆはカツオ節、ソウダ節、サバ節で引いただしと濃口醤油、ミリンを合わせたもので、２日間寝かせている。そばは北海道産のソバ粉を使った二八の手打ちで、夏は細打ち(写真)、冬は中太打ちと打ち分ける。

厚切り鴨陶板焼き ※現在は終売

手前左／料理は以前提供していたメニューから２品を紹介。およそ1.5cmの厚みに切った鴨の胸肉をフライパンで片面をさっと焼いてから、その逆の面を下にして熱した陶板にのせたもの。インパクトと豪快さを訴求して、味つけはシンプルに塩のみとしていた。

鴨生ハムと湯葉のサラダ ※現在は終売

手前右／赤みの強いチェリーバレー種の鴨の生ハムに、葉物野菜と湯葉を合わせたサラダ。赤、緑、白の色の対比が美しい。カラシの辛味をほのかにきかせた醤油風味の自家製ドレッシングをかけて提供していた。

流石Le蔵

【東京・銀座】

手打ちそばとフランス料理の手法を生かした炭火焼きの二本柱が店のコンセプト。

シャラン産鴨の胸肉

奥／シャラン産のエトゥフェ（窒息させて屠鳥し、放血処理をせず肉全体に血を回して風味を高める技法）した鴨肉を使用。鴨の胸肉を塊の状態で皮目から炭火であぶり、芯までじんわりと火を入れてしっとり柔らかい食感に仕上げる。エトゥフェによる濃厚な風味を生かすために、調味は塩とコショウのみにとどめている。

鴨南そば

中央左／国産合鴨の胸肉を使用。塊のまま炭火であぶって適度に脂を落とした後、3㎜ほどの厚みに切り分けて、ゴマ油と米油を合わせた中にさっと浸けてマリネする。マリネすることで柔らかくなったら、加熱したつゆにさっと火を入れる。つゆはカツオ節の厚削り、ソウダ節、サバ節でとっただしで仕立てており、つゆに移る鴨の風味や脂とのバランスを考慮して、通常のかけつゆよりもかえしの量を多くしている。そばは十割の細打ち。

マグレ鴨のロース

手前／ミュラール種のフランス産鴨の胸肉を使用。塊のままフライパンで皮目を焼いた後、浸け汁（濃口醤油、ミリン、酒、ウスターソースなど）に浸けて65℃で15〜20分間加熱。これを切り分けて、前菜の盛り合わせとして冷製で提供する。

蕎麦茶屋 いつ星

【東京・新橋】

京鴨のすき鍋やもなかの皮で挟んで食べるレバーのムースなどひと工夫のある品で女性客に訴求する。

特製 京鴨すき鍋

奥左／鴨料理には京都産の「京鴨」（チェリーバレー種）を使用しており、中でもこのすき鍋は来店客の7～8割が注文する人気商品。鴨の胸肉ともも肉に、新潟県の栃尾揚げと軟白ネギ、ゴボウを添えている。割り下は白醤油にミリンともりつゆを加えたもの。ゴボウはだしの旨みを吸うとともに香りと食感がアクセントとなるので、たっぷりと添えている

レバームース

奥右／女性客からの注文率の高いメニュー。ゆでた鴨の肝臓を炒めたタマネギ、ニンニク、ショウガとともに裏漉しし、生クリームと合わせて塩、コショウで調味する。もなかの皮を添えて、はさんで食べるようすすめる。もなかの皮は㈱種新からさまざまな形状のものを仕入れ、見た目の楽しさも演出する。

鴨汁そば

手前／鴨の胸肉を塊のままバーナーであぶった後、火にかけたつゆで温める程度に加熱する。カツオ節をきかせたつゆは、もりつゆとかけつゆを同割で合わせており、そばは七三の細打ち（1～1.5㎜角）を製麺機を使って自家製麺している。

蕎麦ウィスキー「EDDU」と蕎麦焼酎「マヤンの呟き」。EDDUはフランス・ブルターニュ産のソバを原料とする唯一のウィスキー。オークのコニャック樽で5年間熟成し、2度蒸留している(蕎や月心)。

第5章

そば屋のつまみ逸品集

掉尾を飾るこの章では、これまで『そばうどん』誌上で取り上げてきた名声店の記事中から、酒の肴に関するものを集めました。歴史ある老舗から若手主人のモダンな店まで、カウンターを備えた居酒屋に近い営業スタイルの店もあれば、コース仕立ての料理を提供する店、地元の人たちに愛される町のそば屋と、タイプはさまざま。それぞれの個性ある逸品から、そば屋のつまみの広がりと可能性を探っていきましょう。

東家寿楽

【札幌市・中央区】

祖父が長年取り組んできたソバ粉やソバの実を使った
「そば乃粉料理」を継承し集大成する。

そば胡麻豆腐

仕込み

1 さらしな粉と葛粉を1対1.2弱の割合で合わせる。

2 水を加え、直火の弱火にかけながら手早く練る。

3 固まりかけてきたら白の練りゴマを混ぜてさらによく練る。

4 粗熱をとってから流し缶に流し、冷蔵庫で冷やし固める。

注文後調理

5 切り分けて器に盛り、ワサビを天盛りする。薬味のネギを添える。

そばの実のきぬた巻き

仕込み

1 そば米を水から炊き、甘酢に浸ける。

2 巻き簾に桂むきして甘酢に浸けたダイコンをのせる。ゆでて酢洗いしたズワイガニを芯として、甘酢で味つけをしたダイコンおろし、**1**の丸抜きをのせて巻く。

注文後調理

3 切り分けて、ラディッシュの紫蘇漬、菊花の酢漬、若布を添える。

そば味噌

仕込み

1 甘味噌に上白糖を加え、弱火にかけながら練る。

2 煎った丸抜き、カツオ節を加えてさらに練り、仕上げに一味唐辛子を少量加える。

注文後調理

3 半分に切った大葉ジソにのせて盛る。

海老しんじょうの蓑虫揚げ

仕込み

1 エビ(フラワー)の殻と背ワタを除いて細かく刃叩きし、ヤマノイモのすりおろし、卵白、塩、ミリンを加えて練り、しんじょう地を作る。

2 だし(カツオ節と昆布)、白醤油、ミリン、塩で仕立てた地で、焼き湯葉、菜ノ花、ニンジン、カブをそれぞれ炊く。紅白麩も温める程度にこの地で炊く。

3 巻き簾にゆでた卵切りを帯状に敷き、しんじょう地をのせて平らにならし、巻く。

注文後調理

4 太白ゴマ油とサラダ油を同割に合わせた揚げ油で、**3**を低温でゆっくりと揚げる。

5 半分に切って器に盛り、**2**の野菜類を盛り合わせる。葛餡をかけて香りづけにゴマ油を少量たらす。白髪ネギ、針ショウガを添える。

海老の腹肢揚げ

注文後調理

1 エビ(フラワー)の脚を薄く溶いた天ぷら衣で揚げる。

＊そば会席「そば乃粉料理」は現在休止中です。

そば寿司

仕込み

1 さらしなそば135gをゆでて水気をよく切り、合わせ酢で2回洗う。水気をよく切る。

2 巻き簾に海苔を敷き、その上に**1**を乗せ、白ウリの粕漬け、クロマグロの赤身、キュウリの3種の具を芯にして巻く。

注文後調理

3 適宜に切り、かえし（濃口醤油、ミリン、上白糖）ともりつゆ（ソウダ節、荒本節、日高昆布でとっただしにかえしを加えたもの）を同割で合わせたつゆを添える。

かしわ抜き

注文後調理

1 かけつゆとだしを1対0.5の割合で合わせて鍋に入れる。

2 鶏もも肉、笹打ちしたネギを加えてさっと火を通す。

3 薄味で炊いたタケノコ、シイタケを添える。

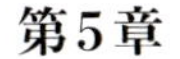

海老とズワイガニの吹雪揚げ

仕込み

1 丸抜きを石臼で挽き割りにする。

注文後調理

2 殻をむいて頭と背ワタを取り除いたエビ(フラワー)とズワイガニの脚の身にゆるめに溶いた天ぷら衣をつけ、**1** をまぶして揚げ油でからりと揚げる。

3 マイタケ、カボチャ、シシトウを薄衣で揚げる。

4 盛り合わせて、抹茶塩、カボチャ塩(パンプキンパウダーと酵素塩を1対1で合わせる)を添える。

そば羊羹

仕込み

1 さらしな粉30gに粉寒天小さじ2、和三盆糖100g、水700ccを加えて火にかけながら練る。

2 **1** の1/4量を丸底のトヨ型に流し入れて冷やす。

3 抹茶小さじ1/2を水大さじ1で溶き、**1** の1/4量に混ぜる。ある程度固まった **2** の上に流す。

4 **3** がある程度固まったら、**1** の1/4量を流し入れて冷やす。

5 小豆のこし餡80gを **1** の1/4量で溶き、ある程度固まった **4** の上に流し、冷やし固める。

注文後調理

6 型からはずし、適宜の厚みに切り分け、丸い底の側を上にして器に盛る。

築地 布恒更科

【東京・築地】

淡白なさらしな粉の性質を縦横に使いこなし、
予約のそばコースでそば料理を提供。

そばみそ
夏季 冬季

仕込み

1 夏季は白味噌をベースとする。白味噌500ｇに大葉のみじん切り（80枚分）、白ゴマのペースト大さじ２を加える。
2 一味唐辛子適量、煎った丸抜き適量を加える。
3 冬季は八丁味噌をベースとする。まず鍋で鴨の挽き肉500ｇを乾煎りし、ここにゴボウの粗みじん切り400ｇを加えてさらに炒める。
4 八丁味噌500ｇ、砂糖380gを加えてさらに炒める。
5 煎った丸抜き適量を加える。

注文後調理

6 しゃもじに**2**、**5**をそれぞれ塗り付ける。
7 直火であぶり、軽く焦げ目をつける。

いかの
かえし漬け

仕込み

1 スルメイカの身と足を脱水シートで挟み、冷蔵庫に入れて余分な水分を除いておく。

2 ワタを掃除してから強塩をして半日ほどおく。

3 水洗いし、かえし(たまり醤油を寝かせた本がえし)に2～3日間浸ける。この日数はワタの量が120～130gの場合で、適宜調整する。

4 ワタの薄い膜を除き、裏漉しする。

5 **1**を長さ3cmほど、幅6～7mmほどに切り分ける。

6 **4**で和える。

抜きおろし

仕込み

1 鍋に湯を沸かして、丸抜きとアサリのむき身を入れてゆでる。あがりに三ツ葉を加える。

2 冷水に落としてザルに揚げ、ペーパータオルで水気を取る。

注文後調理

3 辛みダイコンをすりおろし、水気を絞る。

4 **3**と**2**を混ぜ合わせ、青シソ風味のポン酢で和える。

御前そばがきの白味噌仕立て

注文後調理

1 さらしな粉で御前そばがきを作る。さらしな粉と水を１対３の割合で鍋に入れ、火にかけながらかき混ぜて練る。
2 だし（サバ節）を煮立てて、生ガキを入れて火が通ったら取り出す。
3 **2**のだしに白味噌と白ゴマのペーストをそれぞれ適量加えて、しっかりと溶く。
4 椀に**1**の御前そばがき、**2**のカキ、ゆでた小松葉と盛り、**3**の汁を張る。

伊予柑切りのサラダ仕立て

仕込み

1 春キャベツ、ニンジン、セロリのせん切りを10分ほど塩水に浸し、ペータータオルで水気を取る。

2 変わり切りの伊予柑切りをゆで、10cmほどの長さに切り分ける。

3 サラダ油と酢を4対1で合わせ、塩、きざみタマネギ、ニンニクのすりおろし、伊予柑のピューレ(ワタを除いた皮と絞った果汁をミキサーにかけたもの)、もりつゆ、黒コショウ各適量を加えてドレッシングを作る。もりつゆはカツオの本枯節(雄節、雌節、亀節)でとっただしにたまり醤油を寝かせた生がえし、ミリンを加えたもの。

注文後調理

4 **1**、**2**、カニのほぐし身を**3**で和える。器に盛り、天にもカニのほぐし身をのせる。

小豆の御前菓子

仕込み

1 ゆで小豆400gと水300ccを合わせる。

2 鍋に**1**とさらしな粉100g、砂糖80gを入れて中火にかけながらかき混ぜて練り、ゆるめのそばがきにする。

3 バットに流し入れる。粗熱を取って冷やし固める。

注文後調理

4 バットからはずして、適宜な大きさに切り分ける。

総本家 更科堀井

【 東京・麻布十番 】

江戸時代から東京で栽培されてきた江戸野菜を使い、
そば店のフィルターに通して創作した新しい料理。

更科そばがきの桜田楽

注文後調理

1 塩抜きしたサクラの葉の塩漬け１枚を細かくきざむ。

2 鍋にさらしな粉30g、水160ccを入れてよく混ぜ合わせる。**1**を加えてさらに混ぜる。

3 **2**を中火にかけ、ダマができないようにへらでしっかりと混ぜながらつやが出るまで練る。

4 水でぬらしたスプーンで**3**から１人前の量を取り、水でぬらした手で俵状にまとめる。

5 **4**を器に盛り、田楽味噌をたっぷりとかける。ゆでたホウレンソウ、塩抜きしたサクラの花の塩漬けを添える。

丁半汁

仕込み

1 絹ごし豆腐1丁を上面のみ水中から出るように水に浸け、スチームコンベクションオーブンの150℃・20分間のコンビモードで加熱する。

2 ソバ粉15g、水30cc、煎り酒10g、淡口醤油2g、だし適量を鍋に入れて火にかけ、ダマができないようにへらでしっかりと溶く。沸いたら火を止めて冷ます。

注文後調理

3 **1**を賽の目に切って器に入れ、**2**の冷たい汁を張る。

4 きざんだかりかり梅(調味梅漬け)と九条ネギをあしらう。

そばの実と甲箱かにの煮凝り

仕込み

1 ズワイガニの雌1杯をゆで、殻から身を取り出す。

2 サバ節、荒亀節でとっただし200ccに白醤油、ミリン、酒、塩を加えて味をととのえ、下ゆでしたソバの実を加え、火にかける。

3 沸いたら水でふやかしたゼラチンを加え、**1**のズワイガニの身を加える。流し缶に流して冷蔵庫で冷やし固める。

注文後調理

4 適宜な大きさに切り出して器に盛り、ユズの皮をふる。

唐辛子切りのゴマダレ担々そば

仕込み

1 担々そばのたれを作る。内藤唐辛子６本のヘタを取って縦に切り込みを入れ、種を少しだけ残すように取り除く。

2 鍋にゴマ油30ccを入れ、**1**を入れて色づくまで炒めて油に辛みを移す。唐辛子は取り置く。

3 ザーサイ20ｇを洗って水気を拭き、みじん切りにする。干しエビもみじん切りにする。

4 ボウルに白の練りゴマ60ｇ、**3**のザーサイと干しエビ、酢20cc、濃口醤油６ccを入れて混ぜ合わせる。

5 **4**にかけつゆ100ccを数回に分けて加え、ダマにならないようなめらかなペーストにする。

6 **5**に**2**のゴマ油を加えてタレとする。

7 多めに油を引いたフライパンでショウガのみじん切り１かけ分、二度挽きしたウズラの挽き肉500ｇを炒める。

8 **7**に赤の江戸甘味噌500ｇを加えて、よく混ぜながらさらに炒め、酒、砂糖で味をととのえる。

注文後調理

9 変わりそばの唐辛子切り80ｇをゆでて器に盛り、**6**のタレをかけて**8**の肉みそを天盛りする。**2**で取り置いたトウガラシを添える。

秋の山

仕込み

1 シメジ、マイタケ、エノキタケを細かくきざみ、種つゆでさっと火を入れて味をなじませる。
2 ボウルに葛粉60g、卵白2個分を入れてよく混ぜ、水気をきった**1**のキノコを加える。水気をきった豆腐を細かくつぶしながら加え、よく混ぜる。
3 流し缶に流し、15分間蒸した後、しっかり冷ます。

注文後調理

4 **3**のキノコの入った擬製豆腐を一人前を切り出して蒸し器で温め、器に盛る。
5 種つゆに葛を引いた葛餡にゆでた丸抜きを加え、器に流す。素揚げしたギンナンと紅葉麩、結び三ツ葉をあしらう。

自家製さつまあげと江戸野菜のおでん

仕込み

1 白身魚のすり身500gにヤマトイモのすりおろし50gを合わせ、適量の丸抜き、ネギを加え、塩、酒で味をととのえる。
2 2個分の卵白を泡立てて**1**に加え混ぜ、適宜な大きさに丸める。160℃の油で揚げてさつま揚げとする。
3 大蔵大根、馬込三寸人参、串に刺した合鴨の胸肉を適宜な大きさに切り、種つゆに濃口醤油を加えた地に入れて弱火で煮る。
4 ウズラの卵を半熟にゆでて、地に浸けておく。

注文後調理

5 **2**～**4**の具を温めて盛りつけ、**3**の煮汁を張る。

そば寿司
湯葉巻き
稲荷

仕込み

1 柔らかめにゆでたさらしなそば150gにすし酢200ccをまぶし、巻き簾に並べて乾かす。

2 サバ節、荒亀節のだし900ccに濃口醤油50cc、ミリン15cc、酒15ccを加えて地を作る。ゆがいた小松菜を地に浸ける。

3 巻き簾にラップ紙を敷き、引上げ湯葉を置く。**1**と地を切った**2**をのせて巻く。

4 柔らかめにゆでたさらしなそば100gにすし酢100ccをまぶし、ザルに揚げる。

5 ゆがいたニンジンとタケノコを種つゆ(サバ節、荒亀節でとっただしに、2種類の濃口醤油、ミリンで作った本がえしを加えたもの)で煮る。

6 **4**に地をきった**5**、煮シイタケ、三ツ葉、白ゴマを加え、味つけした油揚げで包んで巻く。

更科の夜明け

仕込み

1 馬込三寸人参450gを皮付きのまま柔らかくゆで、ミキサーにかけてピューレ状にする。レモンの搾り汁25cc、砂糖100gを混ぜて裏漉しを通す。

2 鍋に水100cc、粉寒天4gを入れて煮溶かす。

3 **1**と**2**を合わせて円柱形の型に流し、冷蔵庫で冷やし固める。

4 さらしな粉50g、水まんじゅう粉35g、砂糖120g、水550ccを鍋に入れて、泡立て器でしっかり混ぜる。火にかけてへらで混ぜながら煮立て、2～3分間練る。

5 流し缶に**4**を流し入れ、半割りにした**3**を丸い側を下にして押し込み、上面をならす。冷蔵庫で冷やし固める。

注文後調理

6 流し缶からはずし、断面を見せて切り分ける。

蕎仙房

【 静岡県・裾野市 】

富士山の懐に抱かれた店に相応しい四季の恵みや
そば店の普段使いの食材を使って素朴な一品に。

椎茸昆布含め煮

仕込み

1 大ぶりの干しシイタケ１～２個を水に浸けてもどした後、適宜の大きさに切る。
2 水でもどした昆布(だしを引いた後の昆布でよい)５ｇほどとともに鍋に入れる。
3 ひたひたにかぶるくらいのかけつゆ100cc(カツオ本枯の雄節と雌節、アゴ焼き干しから引いただしに、濃口醤油、ミリン、きび糖のかえしを加えたもの)、ミリン大さじ0.5、濃口醤油大さじ0.5を加え、沸いてきたら弱火にして含め煮にする。

注文後調理

4 器に盛り、削り節をのせる。

菊花の落花生和え

仕込み

1 黄色の食用キク適量(両手でひとつかみ程度)の花びらだけを取り、塩少量を入れた熱湯でさっとゆでる。冷水にさらし、アクを抜く。

2 無糖のピーナッツバター大さじ1～1.5に酢小さじ1～1.5と砂糖少量を加えて、和え衣を作る。

注文後調理

3 和え衣で**1**を和える。器に盛り、きざんだピーナッツを散らす。

おしんきんぴら

仕込み

1 ダイコン80gほどの皮をむき、ピーラーでひも状にむいていく。ザルに広げて20～30分乾かす。適宜の長さに切り分ける。

2 フライパンにゴマ油を引き、**1**を炒める。

3 濃口醤油大さじ1、ミリン大さじ0.5、小口切りの乾燥トウガラシを加えてさらに炒め、きんぴらとする。

注文後調理

4 器に**3**を盛り、煎った白ゴマをふる。

こごみの胡麻和え

仕込み

1 コゴミは塩を少量入れた熱湯でゆがく。ゆですぎないよう青みがさえたらザルに上げて水にさらす。

2 すりゴマ大さじ1に濃口醤油大さじ0.5～1と砂糖大さじ0.5～1を合わせて、和え衣を作る。

注文後調理

3 **1**のコゴミを**2**の和え衣で和えて器に盛る。

蕗の薹の油味噌

仕込み

1 塩を加えた湯でフキノトウ5～6個をしんなりするまでゆでる。ザルに上げて水気をきる。

2 鍋にサラダ油を引き、小口切りの乾燥トウガラシを炒める。

3 フキノトウを入れ、信州味噌(赤)大さじ1、砂糖大さじ1.5、ミリン小さじ1を加えて、煮詰める。

新わらびのお浸し

仕込み

1 鍋に水と灰もしくは重曹を入れて沸騰させる。ワラビ(生)80〜90g(細いもの10本ほど)を入れてゆで、指で押して柔かくなったらザルにあげ、冷水にさらす。

注文後調理

2 濃口醤油大さじ0.5にすりおろしたワサビ小さじ0.5を溶かして、山葵醤油を作る。

3 ワラビを適宜の長さに切り、器に盛って山葵醤油をかけ、削り節を天に盛る。

山くらげ梅風味

仕込み

1 山クラゲ(茎レタスの乾燥品)40〜50gを水に20〜30分間浸して柔らかくもどし、長さ3〜4cmに切る。

2 鍋にサラダ油を引いて炒める。

3 2に梅干しの裏漉しを大さじ1程度(梅肉でも可)、濃口醤油大さじ3、ミリン大さじ1、乾燥トウガラシ(輪切り)少量を加え、水分がなくなるまで中火で煎り煮する。

注文後調理

4 器に盛り、細かいさいの目切りにしたカリカリ梅を天に盛る。

山椒の佃煮

仕込み

1 鍋にサンショウの新芽300ｇを入れ、濃口醤油500〜600ccをひたひたに入れてコトコトと煮る。

2 仕上げにミリンを加えて汁気がなくなるまで煎り煮する。

注文後調理

3 器に盛り（分量は器の７〜８個分）、木ノ芽と花サンショウを天に飾る。

鴨ごぼう

仕込み

1 鴨の胸肉３〜４枚をひと口大に切り分け、さらに３〜４等分にする。

2 15㎝程度の長さのゴボウを斜め切りにする。

3 フライパンにサラダ油を引き、鴨の胸肉とゴボウを炒める。

4 濃口醤油大さじ１、ミリン大さじ１、砂糖大さじ１、小口切りの乾燥トウガラシ少量を加え、汁気がなくなるまで煎り煮にする。

注文後調理

5 大葉ジソを敷いた器に盛り、白ゴマを散らす。

浜町かねこ

【 東京都・水天宮 】

活けの天種を使った修業先仕込みの天ぷらと
季節に応じたつまみを用意。

蓮根の天ぷら
（大）

注文後調理

1 レンコンを3㎝の厚さに切り分ける。

2 薄めに溶いた天ぷらの衣を付け、180～190℃の油で軽く揚げる。いったん油から引き上げて、余熱で火を入れる。

3 150～160℃の油に再び入れ、じっくり火を通す。再び引き上げる。

4 高温の油に入れてカリッと仕上げる。

牛すじの煮込み

仕込み

1 長ネギの青い部分を湯で煮て、ネギ汁を作る。
2 ひと口大に切った牛すじ肉をゆでこぼす。
3 圧力鍋にネギ汁(長ネギは使わない)と牛すじ肉を入れ、30分間煮る。
4 冷めたら容器に移して冷蔵庫に入れ、脂を冷やし固める。この脂は除く。
5 淡口醤油で味つけする。

注文後調理

6 小分けにして鍋に入れ、ワケギをのせて、ゴマをふる。

トマトのお浸し

仕込み

1 トマトを湯むきして、半分に切り、甘汁に1日間浸け込む。甘汁はうどん用の汁を二番だしでのばしたもの。だしは水に昆布、イリコ、干しシイタケを浸けて一晩火にかけ、翌日にカツオ節を加えて煮出している。

注文後調理

2 オクラをゆでて地浸けしたものをのせる。

塩辛とクリームチーズ

注文後調理

1 クリームチーズを9分の1に切り分け、塩辛をのせる。
2 すりおろしたユズをふる。

そば・料理 あたり屋

【大阪・東三国】

料亭で学んだ日本料理の技術を駆使し
素材の個性に焦点を当てて、ひと手間をかけて一品に。

穴子白焼き

注文後調理

1 明石産のアナゴを一枚に開き、串打ちして土佐備長炭の炭火で焼く。皮側はカリっとするまで焼き、身側はふっくらとする程度にとどめる。割醤油ですすめる。

ヨコワの塩たたき

注文後調理

1 ヨコワ（マグロの幼魚）を皮面のみ土佐備長炭の炭火であぶる。塩とスダチの搾り汁をかけて、切り分ける。

鴨ロース

仕込み

1 ソテーしたフランス産コガモを真空パックにして、60℃のコンベクションオーブンで60分間加熱する。
2 だし、酒、濃口醤油、ミリンを合わせた調味液に浸け、再度真空パックにかけて保存する。

注文後調理

3 袋から取り出して切り分け、粒マスタードを添える。

スペアリブ

仕込み

1 豚のスペアリブをシェリー酒、泡盛、カラメル、白味噌と玄米味噌の合わせ味噌の地で、煮つまるまで煮る。
2 圧力鍋に移し、15分間煮る。

注文後調理

3 煮汁とともに器に盛り、粒マスタードをのせる。揚げた粟麩を添える。

源助大根の風呂吹き

仕込み

1 柔らかいが煮くずれしにくい加賀野菜の源助ダイコンを、昆布だしと塩で直炊きする。

注文後調理

2 白味噌と玄米味噌の合わせ味噌をかけ、針ユズをのせる。

酒と蕎麦 まき野

【福岡・渡辺通】

そば店の定番にこだわらず、酒と相性のよい料理を用意。日本酒を軸に据え、居酒屋のように気軽に使える店に。

和牛うちもも

注文後提供

1 九州産黒毛和牛もも肉の両面をフライパンで焼く。
2 アルミホイルで包んで休ませ、さらに火を入れる。
3 薄切りにして、自家製のポン酢(ダイダイの果汁、酢、醤油)をかけ、ミョウガとショウガのせん切り、貝割れダイコン、芽タデをのせる。

鴨わさ

注文後提供

1 青森県産鴨肉を68℃のそば湯で加熱する。

2 芯まで熱が通ったら引き上げ、切り分けて盛り付ける。白髪ネギをのせ、ワサビと芽タデ、ポン酢を添える。

水いかの生塩うに和え

注文後提供

1 アオリイカが獲れる季節のみ提供するメニュー。アオリイカをさばき、短冊状に切り分ける。

2 塩ウニで和えて、盛り付ける。ネギ、花穂ジソをのせる。

手打ち蕎麦 naru

【静岡・浜松市】

夜の黒板メニューでは浜松でおなじみの黒はんぺん等
気軽に楽しめる酒肴や季節の料理を揃える。

自家製糠漬け

1 カブや大根などの根菜類、トマト、高菜、キュウリ、ナスといった季節の野菜を自家製の糠床に約2日間漬けて糠漬けにする。

茄子田楽

仕込み

1 西京味噌の粒味噌1、砂糖1、ミリン1を合わせて田楽味噌を作る。

注文後調理

2 ナスの皮を縞にむき、隠し包丁を入れた後、素揚げする。

3 ナスの上に1の田楽味噌をのせて(季節によってはフキノトウ味噌を使ってもよい)、オーブントースターの上火で10分間かけてじっくり焼く。砕いたクルミやカシューナッツ、糸切りにした青ジソをのせる。

黒はんぺんフライ

注文後調理

1 黒はんぺん(サバやイワシ、アジなどの青魚から作った静岡名産のゆでかまぼこ)に下粉を打ち、卵液にくぐらせて、パン粉を付ける。
2 180℃の油で揚げる。
3 葉物野菜や漬物とあしらい、地元浜松市の鳥居食品㈱が低温二段抽出法で作り、木桶熟成させたウスターソースを添える。

焼き海苔 畳いわし

仕込み

1 卵黄1、リンゴ酢15cc、塩1gをフードプロセッサーに入れる。キャノーラ油100ccを少しずつ加えながら回して、乳化させる。
2 糠漬け、赤タマネギをみじん切りにして**1**に加える。

注文後調理

3 浜松市内で製造している特注の海苔箱に炭火を入れる。焼き海苔、畳イワシをそれぞれ入れて、畳イワシには**2**の自家製タルタルソースを添えて提供する。

割烹・蕎麦 波と風

【神奈川県・鎌倉市】

和食料理人とバーテンダーの夫婦の二人三脚で
洋酒にも合う酒のあてや、おまかせのコースを提供。

牡蠣真蒸のみぞれ椀

仕込み

1 カキを酒煎りにする。貝柱と柔らかい身や内臓部分とに分ける。貝柱はフードプロセッサーにかけ、柔らかい身や内臓はざく切りにして片栗粉をまぶす。

2 すり身に卵白を加え、**1**の酒煎りでにじみ出てきた汁を加える。

3 **2**の2/3量に柔らかい身と内臓を、1/3量に貝柱を加え混ぜる。

4 流し缶に貝柱入りのすり身と身や内臓の入ったすり身を流して2層にし、蒸し固める。

注文後調理

5 昆布と血合いなしのカツオ節から引いた一番だしに、淡口醤油、塩を加えて吸い地を作る。薄葛を引き、すりおろしたカブを加える。

6 **4**の蒸し上がった牡蠣真蒸を切り分けて椀盛し、**5**のみぞれ地を流す。きざんだカブの葉とユズの皮を散らす。

香箱蟹

仕込み

1 境港に上がった香箱ガニ(雌のズワイガニ)を蒸す。エラやふんどし、腹皮など食べられない部分を掃除し、脚や外子(卵)をはずす。
2 だし7、ミリン1、酢3、淡口醤油0.5に追いガツオをし、ショウガの搾り汁を落として蟹酢を作る。
3 脚から身を取り出す。蟹みそを境にして、甲羅に脚の身と外子を並べる。

注文後調理

4 蒸し器で温め、蟹酢を添えて提供する。

仔羊の西京焼き

仕込み

1 仔羊の背肉を塊のまま、きざんだローズマリーを合せた西京味噌に3日間漬け込む。

注文後調理

2 漬け地を拭き取り、炭火でじっくりと焼く。
3 低温のオーブンで乾かすように焼いたリンゴのスライスのチップと、煎りギンナンを添える。

からすみ

仕込み

1 ボラの卵巣に針打ちして、氷水に浸ける。1日1回水から引き上げ、重石をして水気を切り、再度新しい氷水に浸ける。これを1週間繰り返し、血が出なくなったら血抜きが終了する。

2 血抜きの終わった卵巣にべた塩をして1日間置く。塩を洗い流す。

3 焼酎に半日浸ける。焼酎から取り出して2日間日陰で干す。

4 ミリン粕と白味噌を同割で合わせた漬け床に、1日味噌漬けにする。

5 味噌床から取り出して軽く重石をして形を整え、1週間ほど干す。その間、毎日1回ウイスキー(オールド・プルトニー12年)で拭く。

注文後調理

6 切り分けて盛り付ける。

蕎麦と酒処 きくち

【東京・石神井公園】

刺身やなめろうなどの鮮魚料理に加えて仕込みが利きオペレーションの負荷が低い珍味を用意。

さつまいもの天ぷら

注文後調理

1 小さめなシルクスイートを選び、天ぷらの衣を付けて、130℃の低温の油で、25分間かけて揚げる(ツルを切らずに１カ月熟成させた「吊るしの安納芋」を使った場合は40分間かかる)。

2 表面が焦げて固くならないうちに引き上げ、余熱で火を通す。

3 縦に４つに切り分ける。

だし巻き玉子

注文後調理

1 卵３個(160〜170ｇ)にもりつゆ35ｇ、一番だし35ｇを加えて、室温にもどす。もりつゆはかえし(３種類の醤油とミリン、ソバのハチミツなどを合わせて火入れしたもの)と砕いた本枯節と昆布、シイタケの軸でとっただしを合わせたもの。

2 銅製のだし巻き鍋に５回くらいに分けて**1**の卵液を流し、巻きながら焼く。

カラスミ

仕込み

1 ボラの卵巣の血管をしごいて血を抜き、塩水に浸けて洗い流す。
2 べた塩を当てて2日間置く。
3 アミノ酸の豊富な日本酒の生原酒に浸けて塩抜きする。
4 形を整え、風が当たる場所で乾かす。ペーパータオルでウォッカをぬりながら2〜3日間乾かすとレア気味に、固いのが好みであれば1週間乾かす。真空パックにかけて保存する。

なめろう

注文後調理

1 白身魚(季節で魚種が変わるが、9月であればカンパチ、マダイ、アジ)100〜120gを賽の目に切り分ける。
2 薬味(小ネギ、青ネギ、ミョウガ、シソ、ショウガ)10〜15gをみじん切りにする。
3 米麹味噌に濃口醤油で味をととのえる。
4 **1**の白身魚に**3**の味噌をのせ、包丁で刃叩きしながら混ぜ合わせる。
5 ねばりが出てきたら**2**の薬味を加える。煎ったゴマ、一味唐辛子や絞った柑橘の搾り汁を加える。

スルメイカの塩辛

仕込み

1 スルメイカの肝をはずし、開いて掃除する。塩を当てて水分を抜き、ザルにのせて干す。
2 肝は塩漬けして冷蔵庫で数日間寝かす。
3 乾いた **1** のスルメイカをハサミでカットし、日本酒の生原酒に1週間〜2週間浸してもどす。
4 **2** の肝の塩を洗い流した後、包丁で刃叩きする。柔らかくもどったスルメイカを和えて、容器に移す。
5 毎日かき混ぜながら様子をみて、固かったら日本酒を足して濃度を調整する。

牡蛎ペースト

仕込み

1 カキ500gに片栗粉をまぶし、汚れを2、3回洗う。
2 汚れが出なくなったらザルに揚げて、水気をきる。バットに並べてペータータオルで水気をふく。
3 テフロンのフライパンで油を引かずにじっくりと炒める。にじみ出てくる白い液をカキにもどしながらさらに炒め、煎餅状に固くなって水分が出なくなるまで火を通す。
4 フライパンに付いたエキスを酒で溶かし、炒めたカキ、無塩バター10gとともにフードプロセッサーで回す。柔らかめが好みの場合、バターの代わりに少量の生クリームを加える。
5 容器に写して冷蔵保存する。仕上がりは200gになる。

蕎麦懐石 義

【 東京・恵比寿 】

手の込んだ料理を提供できるコース仕立てにメニューを絞り、
夜は先付、揚げ物、お椀、向付…と続く8品構成で提供。

胡麻豆腐、車海老、桜ジュレがけ

仕込み

1 水1500ccに搗きゴマ1kgを浸す。ミキサーにかけてペースト状にする。

2 さらしで布濾しし、酒300cc、塩7g、砂糖12g、葛100gを合わせて鍋に入れる。

3 中の強火にかけて30分間練る。流し缶に流し、冷やし固める。日持ちは2日間で、固くなったら焼胡麻豆腐などに応用できる。

4 浸け地(だし10、淡口醤油1、ミリン1)90ccに板ゼラチン2枚を煮溶かし、冷やし固める。

5 桜の塩漬けを3時間水に浸けて塩抜きする。軸を除き花びらのみにする。

6 菜ノ花をゆでて、浸け地(**4**と同じ)に浸ける。

7 別の浸け地を沸かし、火を止めて掃除した車エビを入れる。中の強火にかけ、1分半火を通す。

注文後調理

8 **4**のジュレを崩しながら**5**の桜の花びらを混ぜ込む。

9 **3**の胡麻豆腐を切り分け、**6**、**7**、**8**とともに器に盛る。器の中に**5**の桜の花びらを貼る。

地鶏の塩焼き、ふきみそ、金柑甘露煮

仕込み

1 銘柄鶏の美桜鶏(または大山鶏)を2人前の大きさに切り分けて塩をふる。網にのせてサラマンダーで焼き、休ませる。

2 キンカン4パックのへたを掃除する。水750cc、上白糖450ccの蜜に入れ、弱火で15分間直炊きする。

3 卵黄6個、信州味噌200g、上白糖50g、酒160ccを合わせて火にかけ、とろりとするまで練って玉味噌を作る。

4 フキノトウ2パックをきざみ、よく炒める。**3**の玉味噌を合わせる。

注文後調理

5 **1**の塩焼きをポーションに切り分け、温める。

6 **2**のキンカンの蜜煮の種を抜き、**4**のふき味噌とともに添える。バジルの葉を散らす。

アスパラのおかき揚げ、たらの芽天ぷら

仕込み

1 タラノメに下粉を打つ。

2 アスパラガスを芯が残るくらいに固めにゆでる。

3 下粉を打ち、卵白にくぐらせる。フードプロセッサーで砕いた柿の種をまぶす。

注文後調理

4 **1**のタラノメを自家製の天ぷら衣(薄力粉に片栗粉、米粉を加えて卵水で溶く)にくぐらせる。170℃の油に入れて、温度を徐々に190℃まで上げながら揚げる。

5 **3**のアスパラガスも同様の温度で揚げる。

守破離 黒門日本橋店

【大阪市・日本橋】

「大阪の台所」の店らしい30種類以上もある一品料理。
コース料理では写真のような4品盛り合わせも。

茄子とニシンの煮つけ

仕込み

1 ナスを軽く炒める。
2 水11、酒3.5、かけ汁1を合わせ、濃口醤油、砂糖で味をととのえた地で炊く。
3 ニシンを米糠の入った湯で3時間ゆでてもどす。
4 酒2にかけ汁用の出汁(サバ節、ウルメ節、メジカ節、イワシ節、真昆布)1を合わせ、たまり醤油、濃口醤油、ざらめで味をととのえた地で3時間炊く。

注文後調理

5 ナスとニシンを盛り合わせ、軸三ツ葉と針ユズを添える。

バイ貝の旨煮

仕込み

1 バイ貝を塩ゆでする。
2 水2に酒1を合わせ、淡口醤油、ミリン、上白糖で味をととのえた地で炊く。

注文後調理

3 器に煮汁とともに盛る。

蛍烏賊と菜の花の煮浸し

春の季節料理。

仕込み

1 塩ゆでした菜ノ花とホタルイカを、それぞれかけ汁用の出汁でさっと煮る。

注文後調理

2 菜ノ花とホタルイカを盛り合わせ、木ノ芽をのせる。

鴨の燻製

仕込み

1 鴨胸肉の皮目に格子に包丁目を入れる。
2 きつめに塩をし、ラップ紙をかけずに冷蔵庫の風の当たる場所に入れて一晩乾燥させる。
3 フライパンにサクラのチップを入れて網をのせ、皮目を下にして鴨胸肉を入れる。8分間超弱火で加熱して燻製する。
4 裏返して身の側も8分間同様に加熱して火を入れる。

注文後調理

5 切り分けて器に盛り、粒マスタードをかける。

大阪 松下

【 大阪・鶴野町 】

定番のかまぼこや柚子胡椒なども自家製し、既製品にはないクオリティを追求する。

ゴボウの含め煮

仕込み

1 ゴボウの皮をたわしでこそげ取り、5㎝の長さに切り分ける。

2 米糠を加えた湯で一度ゆでる。新しい水に取り換えて再度ゆでる。

3 だし15、ミリン1、濃口醤油1の割合で合わせた地で15分間煮る。3日間は日持ちする。

注文後調理

4 蒸し器で温めて提供する。

焼き蕎麦味噌

仕込み

1 西京味噌1kg、きざみネギ200g、削りガツオ30gを合わせる。4等分して煎った丸抜き50gずつ加える。

2 杓文字に30gずつぬりつけて、軽くラップ紙をかけて冷蔵庫でストックする。

注文後調理

3 蒸し器で温めてから、バーナーであぶる。

タコの柔らか煮

仕込み

1 活けのタコを塩を使わずに洗ってぬめりを取る。沸騰した湯で10～20秒霜降りにする。

2 圧力鍋にだし700cc、濃口醤油60cc、酒60cc、砂糖45g、小豆適量を合わせ、タコを入れて8～10分煮る。

3 **2**の煮汁を別鍋に取り、下ゆでしたダイコンを炊いて味を含ませる。

4 タコとダイコンを別々に容器に入れて保存する。1度火入れをすれば3～4日間持つ。

注文後調理

5 器に盛り、ダイコンの上にすりおろしたユズをのせる。**2**のタコの煮汁をかける。

胡麻豆腐

仕込み

1 昆布だし500cc、酒170cc、葛粉40ｇ、砂糖６ｇ、塩４ｇを鍋に合わせる。

2 泡立て器で円を描くように混ぜながら火にかけ、20分間加熱する。途中で葛が固まりかけたらゴマペースト65ｇを加える。

3 流し缶に流し、表面が乾かないようにラップ紙を貼り付ける。

4 流し缶ごと水に浸けて冷やし固める。

注文後調理

5 流し缶からはずして切り分ける。割醤油(煮切り酒２、濃口醤油４、スダチの搾り汁適量)をかけ、ワサビをのせる。

白バイ貝

仕込み

1 酒３、ミリン２、濃口醤油１、ショウガの薄切りを沸かして、洗ったバイ貝を入れる。

2 再度沸騰したら火を止め、余熱で火を通す。煮汁ごと冷蔵庫で保存する。

自家製かまぼこ

仕込み

1 すり身550gをすり鉢に入れて軽くすり混ぜ、塩５gを加える。

2 ミリン25ｇに片栗粉15ｇを溶き、**1**に加える。卵白25ｇを加え、さらにすり混ぜる。

3 流し缶に流してラップ紙をかけ、蒸し器で25分間蒸す。

注文後調理

4 流し缶からはずして切り分ける。自家製柚子胡椒を添えてもよい。

フルール ド サラザン

【 東京・浅草 】

オリジナルのガレットと相性のよい国産シードルで
日本とフランスのそば文化の懸け橋に。

蕎麦チップス そば味噌

仕込み

1 ソバ粉1と水1.5を合わせる。塩、スジアオノリを加え、ホイッパーで空気を含ませるように混ぜ合わせる。1～2日間寝かせてガレットの生地とする。

2 **1**をフランス製ガレット焼き機で焼いた後、低温のオーブンでパリッと焼き上げる。

3 殻ごと挽いた粗挽きのソバ粉で**1**と同様にガレット生地を作り、同様に焼く。

4 酒、ミリン、砂糖に信州味噌を加えて火にかけて練り、煎ったソバの実、やげん堀の七味唐辛子を加える。

注文後調理

5 **2**と**3**の蕎麦チップスを交互に重ねて盛り付け、**4**の蕎麦味噌を添えてディップのようにして食べてもらう。

ポテサラザン

仕込み

1 ジャガイモ3種類(メイクイーン、キタアカリ、インカのめざめ。キタアカリが手に入らない時期は男爵)を塩ゆでしてきざむ。ニンジンも同様に塩ゆでしてきざむ。

2 鍋にシェリー酢を入れて火にかけ、アルコールをとばす。**1**のイモとニンジンを入れて、つぶしてマッシュポテトにする。

3 バターを加えて、塩で味をととのえる。マヨネーズ少量を加えてまとめ、冷ます。

注文後調理

4 黒コショウをふり、煎ったソバの実とソバの芽をあしらう。

ガレット生地の食べ比べ

仕込み

1 フランス・ブルターニュ産、栃木県・益子産、さらしな粉の3種類のソバ粉を使ってガレットの生地を作る。

注文後調理

2 ガレット焼き機に**1**のガレット生地を広げる。250〜260℃で焼く。

3 ソバ粉の風味が引き立つように加熱した面を内側にして折りたたみ、香ばしさが強く立ちすぎないようにする。

4 静岡県産のオリーブ油と塩を添える。

黒ガレット 北海道ニシンと長ネギのフォンデュ、山椒

仕込み

1 磨きのニシンをだし、昆布、ショウガ、赤トウガラシ、実ザンショウで半日間炊く(生のニシンの場合は加熱時間はもっと短くなる)。白醤油で味をつける。

2 長ネギをきざんで、バターで炒めて水分を飛ばす。

注文後調理

3 ガレット生地をガレット焼き機に広げ、チーズと卵、**1**、**2**の具を乗せる。

4 焼き上がったら筒状に巻き、食べやすい大きさに切り分ける。

5 ガレットとからむように、コーンスターチでとろみをつけたかけつゆを添える。

リエット

仕込み

1 鴨の手羽元や端肉を使う。2割の量の豚バラ肉を混ぜ合わせ、塩、砂糖、コショウ、ニンニク、ローズマリーで一晩マリネする。

2 **1**にタマネギのソテーと、アルコールをとばしたシードルを加える。鴨脂を加え、少量の水で濃度を調整する。

3 120℃のオーブンで3時間焼く。

4 冷めて脂が固まったら肉と脂をそれぞれ取り出し、焼き汁を煮詰める。肉はほぐしておく。

5 焼き汁に肉と脂を戻し入れる。

注文後調理

6 皿の中央に盛り、きざんだ小ネギと揚げたソバの実をのせる。

ソバのパンケーキ

仕込み

1 ソバ粉と水を1対1.5の割合で合わせ、冷蔵庫で2～3日間置いて低温発酵させる。

2 **1**の生地を鉄板に丸く流して焼き、パンケーキとする。

あいち鴨の生ハム

仕込み

1 ブランド鴨の「あいち鴨」の胸肉を塩、コショウ、砂糖で一晩マリネする。

2 塩を洗い、冷蔵庫の風の当たる場所で保存し、乾燥させる。

注文後調理

3 薄く切り分ける。

胸肉のたたき

仕込み

1 あいち鴨の胸肉の皮目に隠し包丁を入れ、塩をして冷蔵庫で一晩おく。
2 常温にもどし、フライパンでレアに焼く。身を下にして焼いてから皮目を下にして、にじみでてくる脂でアロゼ(焼き油を絶えずかけながら火を通す)する。
3 だし、醤油、レモン果汁を合わせた調味液にくぐらせる。真空パックにかけて味をしみこませる。

注文後調理

4 切り分けて皿に盛り、貝割ダイコンをのせる。

レバームース

仕込み

1 バターと鴨のレバーを合わせてミキサーにかける。
2 カルヴァドス、卵、クリーム、小麦粉の代わりにソバ粉で作ったベシャメルを加え、再度ミキサーにかける。塩、コショウで味をととのえる。
3 器に流し、120℃のオーブンで20分間湯煎焼きにする。

注文後調理

4 小さな器に盛って、三ケ日みかんのハチミツをかける。

掲載店紹介

手繰りや 玄治

主人の愛甲撤郎氏は「たなか」(東京・ひばりが丘)などで経験を積んで独立。自家製粉の冷たいそばは、外二で打つ「せいろ」と十割田舎そばの「手挽き」を用意し、「緑茶せいろ」や「グリーンカレーせいろ」などの独創性の高い季節メニューも揃える。飲み物は日本酒をメインに揃えるが、オリジナル芋焼酎の「玄治」をはじめとする焼酎や、「赤ワイン梅酒」といった珍しい季節の酒も用意する。

住所/東京都東村山市栄町2-38-2
電話/042-398-5833
営業時間/〈水~日〉11:30~19:30(L.O.)
〈月〉11:30~15:00
定休日/火
開業/2007年12月

竹ノ下そば

店主の山越龍二氏は、元日本酒ライターという異色の経歴。昼のそばはもりや冷かけといった定番の品や「辛み大根の釜揚げ」などのアラカルトで、つまみは「鴨焼」や「天ぷら盛合せ」の他に、「芹と湯葉のお浸し」や「焼き椎茸のからすみ和え」といった6、7種類の中から選べる旬の野菜小鉢も提供。夜は10~20種類の天ぷらとそばを提供する2種類のコースのみで、19時開始の完全予約制としている。

住所/東京都渋谷区神宮前1-20-12 原宿フォース地下1階
電話/03-6447-1032
URL/https://takenoshita.studio.site/
営業時間/〈火~土〉11:30~15:30(L.O.15:00)
19:00~22:00(L.O.22:00)〈日曜は昼のみ〉
定休日/月
開業/2023年6月

酒とさかな こよし

京王線浜田山駅の線路沿いに位置し、カウンターを含めて席数は20席。極細の十割で打つ昼のそばは、冷たいそば、温かいそばとも7種類ほどで、丼や定食も用意。夜は居酒屋にも負けない本格的な魚料理の他、野菜料理も充実している。日本酒はタイプが偏らないように西荻窪の酒店に任せて仕入れ、黒板メニューでも数品を表示。その他焼酎や、「生すだちサワー」といったサワー・酎ハイ類も多種揃える。

住所/東京都杉並区浜田山2-19-7
電話/03-3306-7490
営業時間/11:30~14:00　17:00~20:00
定休日/火
開業/2020年2月

そば処 花月庵

西武新宿線武蔵関駅から徒歩3分の住宅街に構えるそば店。二代目の小山淳一氏はインテリアを学び、テレビの大道具の製作会社に就職。語学留学後、信州のそば店で経験を積み、家業を継ぐ。改装後は信州地酒、クラフトビール、手打ち信州そばをコンセプトとし、つまみ類も充実。写真入りのメニューブックの他、「菊芋のだし醤油漬け」といった本日のおすすめを黒板メニューでアピールする。

住所/東京都練馬区関町北2-24-5
電話/03-3920-7711
営業時間/11:30~15:00(L.O. 14:30)
17:30~21:00(L.O. 20:30)
定休日/水・木
開業/1980年

蕎麦の膳 たかさご

明治20年代に日本橋茅場町で創業し、南青山、納戸町を経て1952年に現在地に移転。1991年の改装を機に、2代目宮澤鶴太郎指導のもと3代目佳穂氏が十割の手打ちを復活させた。2009年にはホテルオークラ東京で12年間和食の修業を積んだ4代目和彦氏が店に戻り、現在そば打ちや料理を担当。年末にはおせちも販売する。佳穂氏は引き続き自家製粉や汁作り、NHK文化センターのそば打ち講師に従事。

住所／東京都新宿区中町22
電話／03-3260-3908 URL／https://sobatakasago.jp/
営業時間／11:30〜15:00(L.O.14:30)
17:30〜20:30(L.O.20:00)
定休日／火・第3水曜
開業／1888年頃

蕎や 月心

主人の片所弘考氏は異業種からの参入で、そば教室のアシスタントを経て「土山人」(兵庫県・芦屋市)の渡邉榮次氏に師事。土山人の関西の店で5年、東京の支店で1年務め、40歳で独立した。そばは外一で打ち、冷たいそばは「細挽き」と「玄挽田舎」の2種類を用意。つまみは印刷のお品書き以外にも手書きメニューで、本日の白和えやおひたし、天ぷらなどを用意している。

住所／東京都目黒区中町 2-44-15
電話／03-3791-1173 URL／https://tsukigocoro.com/
営業時間／〈土・日〉12:00〜14:30(L.O.13:30)
18:15〜22:00(L.O.21:15)
〈月・木・金〉18:00〜22:00(L.O.21:15)
定休日／火・水
開業／2009年9月

蕎麦切 はたゑ

地下鉄赤坂駅や天神駅から近いマンション1階に立地。弧を描くモダンなカウンターの中で、2代目店主波多江伸二氏が目の前で一つずつ揚げる天ぷらで人気を博している。天ざるは通常タイプと四季の素材を使うタイプ、おまかせの3種類。山菜や天然のきのこそばも人気で、「おまかせ珍味」「牡蠣の酒肴6種盛り」などつまみ類も充実。日本酒は福岡の「若波」や「繁桝」など7銘柄ほどを用意する。

住所／福岡県福岡市中央区舞鶴1-3-31
電話／092-761-1402
営業時間／12:00〜14:00 18:00〜21:00
定休日／日・祝日
開業／1988年6月

亀戸・養生料理 高の

天ぷら店や寿司店などで修業を積んだ高野定義氏が、亀戸二丁目団地の1階という異色の場所に出店。営業時間も早朝からで、コロナ禍を機に八割そばから十割そばに切り替え、“身体によい和食”をめざす。ソバ粉の生地に鴨の具が入る「江戸焼き」、から揚げグランプリ金賞を受賞した「丸丸素揚げ」などのつまみや、炭火で焼くジビエの串焼きなど、創意工夫のあるメニューが特色。

住所／東京都江東区亀戸 2-6-1
電話／03-6676-9055
URL／https://kameidotakano.wixsite.com/web
営業時間／〈火〜金、祝日〉(朝蕎麦)7:00〜9:00(L.O.8:50)
(本高の)9:00〜17:00(L.O.16:00)
〈土・日〉9:00〜17:00(L.O.16:00)
定休日／月 開業／2012年7月

蕎麦さだはる 西新橋店

東京・西新橋のオフィス街に立地する繁盛立ち食いそば店。評判の揚げたての天ぷらそばの他、そば店のパーコー麺「南蛮豚」など種物の種類も豊富で、夜は「エリンギ天ぷら」「にんにく揚げ」といった天ぷら・揚げ物や、「鶏のみぞれ焼き」のような焼きもの、「イカ一夜干し」等の酒の肴を提供し、立ち飲みの居酒屋需要を取り込む。飲み物は日本酒の「天の戸」の他に、ホッピーやサワー類も充実。

住所／東京都港区西新橋2-9-3 クレビル1F
電話／03-3597-6025
営業時間／10:30～14:45　17:00～22:30(L.O. 21:30)
定休日／土・日・祝日
開業／2010年6月

浜町かねこ

店主の長谷川健二氏は東京・神楽坂の「蕎楽亭」で修業を積み、出身地の福島県柳津町産や茨城県桜川市岩瀬町産のソバを自家製粉し、十割の手打ちで提供する。温かいそばは10品、冷たいそばは14品、季節のそばは５種類を用意。つまみは30種類以上、天ぷらは盛合せの他にも20種以上を揃え、酒粕やフグなどの珍しい天種もある。日本酒は福島の蔵元を中心に常時13種類以上の銘柄を揃える。

住所／東京都中央区日本橋浜町3-7-3
電話／03-4291-3303
URL／https://www.hamachokaneko.com/
営業時間／〈月〉17:00～20:30 L.O.
〈火～金〉11:30～14:00 L.O.　17:00～20:30 L.O.
〈土〉11:30～14:30 L.O.
定休日／日・祝日　開業／2015年8月

東京赤坂やぶそば

江戸三大蕎麦の一つ「藪」の公式なのれん分け店として、1966年に１号店を西荻窪に開業した㈱杉並藪蕎麦の運営。同社は現在６店を展開中で、赤坂サカス内にある同店は女性客を意識した店づくり。そばの実入りひと口ご飯のつく「丼そば膳」などのセットメニューや甘味も充実している。日本酒は本家同様、菊正宗の樽酒を用意。またカウンター席では16時から国産ゴマ油100％の揚げたて天ぷらを単品で注文できる「天ぷらカウンター」を実施する。

住所／東京都港区赤坂５-３-１　赤坂Bizタワー 2F
電話／03-6277-7157
URL／https://r.goope.jp/ayabusoba/
営業時間／11:00～22:00(L.O. 21：00)
定休日／元旦・１月第４日曜
開業／2018年1月

手打ちそば 登喜和屋

1948年に製麺所として創業。「神田まつや」(東京都・須田町)で４年間修業した4代目の木下良輔氏が継ぐにあたり、手打ちに切り替えた。2018年の小田急電鉄向ヶ丘遊園駅前の再開発で建物を新築。つまみは銘柄豚と高原ゴールドの卵を使った「かつ煮」など十数種、日本酒３種、焼酎６種を常備する。木曜日はレディースデイとして自家製わらび餅を女性に無料サービスする。

住所／神奈川県川崎市多摩区登戸1917-1
電話／044-911-2205
営業時間／〈火～金〉11:30～15:00　17:30～21:00
〈土・祝日〉11:00～15:00　17:30～21:00
〈日〉11:00～15:00
定休日／月
開業／1948年

あさだ

1892年に東京・八丁堀で開業。八丁堀エリアの再開発にともない、2020年5月に旧店舗から500mほどの新川に移転した。狭い卓上で場所をとらず、食べやすいようにと3代目が考案した「天もり かき揚げ」が人気商品で、かき揚げを半分つゆに入れたスタイルで提供する。現在は4代目の中田暉氏と息子の昌宏氏が厨房に立ち、移転を機に油揚げ焼きなどのつまみの数を拡充している。

住所／東京都中央区新川2-8-8
電話／03-3551-5284
営業時間／11:00～14:00　17:30～19:30
定休日／土・日・祝日
開業／1892年

そば・料理 あたり屋

店主の土井康義氏は大阪・北新地の料亭を経て、兵庫・尼崎市で小料理店を8年間経営。その後「なにわ翁」(大阪・西天満)、「洞爺 達磨」(閉店)で修業を重ね、2006年大阪の下町、東三国に同店を開業した。1日10食限定の「当矢点心」(季節の料理の盛合せ、焼き味噌またはじゃこご飯、ざるそば、甘みのセット)が人気で、一品料理は約70種、日本酒、焼酎はそれぞれ10種類以上を用意する。

住所／大阪府大阪市淀川区東三国5-11-22
電話／06-6391-8585
URL／https://atariyasoba.com/
営業時間／11:30～14:30(L. O. 14:00)
18:00～22:00(L. O. 21:30)
定休日／火
開業／2006年

守破離 黒門日本橋店

店主の橋本洋輔氏は大阪市内のフランス料理店を経て、出身地である静岡県の「蕎麦屋 八兵衛」、「土山人 北浜店」で修業。2008年開業の谷町店を皮切りに、大阪市内で堂島梅田店、黒門日本橋店の3店を展開する。割烹を営む実兄の監修のもと一品料理を30種類以上、6～8種類の季節料理を用意。酒は本格芋焼酎をはじめ、日本酒や果実酒など多種多様で、同店と堂島梅田店ではワインも取り扱う。

住所／大阪府大阪市中央区日本橋1-19-4
電話／06-6633-7778
URL／https://shuhari.site/
営業時間／11:30~15:00 (L.O. 14:30)
17:30~22:00 (L.O. 21:00)
定休日／月(祝日の場合、翌日)
開業／2018年3月

手打ちそば 藤村

店主の藤村栄二郎氏の実家は、山口県・湯田温泉で89年間続いたそば店「東京庵」。自家挽きした粉をふるわずに十割で打つ「田舎そば」が看板商品で、要予約でそば会席や鍋料理も提供する。一人飲みに最適な「酒の酉セット」は、酒(純米酒、ビール、焼酎、梅酒から1つ選択)、つまみ盛り合わせ、手打ちそばの組合せ。日本酒は地元山口の酒蔵のもののみを取り扱う。

住所／京都府京都市山科区東野舞台町38-4
電話／075-205-4661
URL／https://www.soba-fujimura.jp/
営業時間／11:00～21:00(L.O.20:30)
定休日／不定休
開業／2017年6月

川むら

明治初めに東京・芝白金で創業し、戦後まもない1946年に現在の谷中の御殿坂沿いに移転した老舗蕎麦屋。2016年に改築し、拡張した。とろろ、山菜、なめこおろしの「みちのくそば」、大葉とミョウガの「香りそば」といった各種種物や「桜生エビのかき揚げ」「せりの和えもの」など季節の一品料理を店内に下げた木札でアピール。日本酒は喜楽長の蔵元から冷蔵タンクに詰めて直送された生酒などを揃える。

住所／東京都荒川区西日暮里3-2-1
電話／03-3821-0737
営業時間／11:30〜21:00
定休日／木
開業／1872年

麺坊 万作 南花台本店

南海高野線三日市町駅から２㎞ほど離れた住宅街に立地し、隣駅の河内長野駅前にも支店を構える。２代目の中野宏茂氏は「翁」の高橋邦弘氏の下で修業し、先代からのうどんや丼ものも揃えるスタイルを守りつつ、1995年から自家製粉、手打ちの二八そばを導入。21年３月には店舗をリニューアルし、陽子夫人のそば菓子工房「蕎菓堂」を併設した。日本酒は地元河内長野の天野酒を提供する。

住所／大阪府河内長野市南花台4-13-2
電話／0721-63-6020
URL／https://menboumansaku.com/
営業時間／11:00〜15:00　17:00〜21:00（L.O.20:45）
定休日／月（祝日の場合、翌日）
開業／1986年9月

手打ちそば 芳とも庵

主人の芳賀威氏が修業先で学んだ、青森の郷土料理「津軽そば」が東京で食べられる稀少な店として知られる。他に中細打ちの「粗挽きそば」「江戸そば」の計３種類の自家製粉の生粉打ちそばを提供。つまみは12品ほどを美しく盛り付けた数量限定の「季節の前菜盛合せ」が人気で、飲み物はおすすめ冷酒の他にも、酒の仕込み水といった珍しいものも用意する。

住所／東京都新宿区納戸町10
電話／03-3235-7177
営業時間／
〈水〜金〉17:30〜21:00（L.O.20:30）
〈土・日・祝日〉11:30〜15:00（L.O.14:30）
17:30〜21:00（L.O.20:30）
定休日／月・不定休　開業／2007年11月

元祖 鴨南ばん 本家

鴨南蛮を考案したことで知られる初代の笹屋治兵衛が、文化年間（1810年頃）に日本橋馬喰町で創業。1983年に７代目が現在の場所に分店を構え、2007年に本家を継承した。現在は８代目となる。鴨南蛮は、カラー頁で紹介した「初代 治兵衛の鴨南ばん」と宮城県産蔵王竹炭水鴨を使った「元祖 鴨南ばん」の２種類を提供。その他、揚げ蕎麦がきなど一品料理も12品提供する。

住所／神奈川県藤沢市湘南台2-22-17
電話／0466-20-6106
URL/http://www.kamonan.biz/
営業時間／11:00〜20:00（L.O. 19:30）
定休日／木・第３水曜
開業／1810年頃

富士見庵

2013年に東急東横線元住吉駅寄りの場所から商店街の一角に移転。「揚げ蕎麦シーザーサラダ」や「とり天ポン酢おろし」「天ぷらちょっと盛り」などつまみを充実させるとともにグラスワインなどをメニューに加え、若い女性客や一人客などの幅広い層を取り込んでいる。日本酒は八海山などを常備する他、今月の酒を店内ボードで明示。プライベートブランドの蕎麦焼酎「ふじみあん」もある。

住所／神奈川県川崎市中原区木月1-30-22
電話／044-433-3781
営業時間／
11:00～15:30(L.O. 15:00)
17:00 ～21:30(L.O. 21:00)
定休日／火・水
開業／1958年10月

手打ち蕎麦 かぶらや

阪神本線打出駅から徒歩４分の立地。店主の小林恭仁氏はそば打ちと料理を独学で習得し、たっぷりのすりゴマと酢を利かせたそば「金ごま」や、短冊ととろろの２種類の長芋の食感が楽しめるそば「ふんわりとろろ」、パルミジャーノチーズをかけた「炙り鴨の淡雪チーズ」などの豊富なオリジナルメニューを創案。日本酒は「磯自慢」や「王禄 渓本生」、焼酎はソバ原料100％の「十割」を用意する。

住所／兵庫県芦屋市打出小槌町6-9 コア打出小槌1F
電話／050-5489-3520
URL／https://kcas800.gorp.jp/
営業時間／11:30～14:00(L.O.13:30)
定休日／不定休
開業／2000年３月

流石Le蔵

銀座の金春通り沿いに手打ちの十割そばと炭火焼料理の店として開業。にしんの旨煮やそばがきなどのそば屋らしいメニューに加え、フレンチレストランを営んでいたシェフが絶妙なる”炭”加減で焼くシャラン鴨やフォワグラ、鮎、有機野菜の数々を提供する。また日本酒はもちろん、ソムリエが選ぶワインやシャンパンが充実。食後酒として自家製のレモングラスのウォッカなども用意する。

住所／東京都中央区銀座8-7-7　JUNOビル6階
電話／03-6228-5586
URL／https://ginza-sasuga.jp/lekura/
営業時間／〈月～金〉17:30～22:00
〈土〉11:30～14:00　17:30～21:00
定休日／日・祝日
開業／2013年11月

蕎麦 石はら 世田谷本店

東京・八王子「車屋」の小川修氏に師事した石原せいじ氏が2000年に創業。東京・世田谷通り沿いの本店は都内で５店展開するグループ中の旗艦店で、「だしまき玉子」や「蕎麦がき」などの定番のつまみはもちろん、「鮮！熊本産馬刺し」や「鮮魚お造り」などの一品料理100種類以上を提供。飲み物は日本酒各銘柄の他、そば焼酎や芋焼酎、梅酒、ゆず酒、みかん酒などの果実酒各種も充実している。

住所／東京都世田谷区世田谷1-11-16
電話／03-3429-6227
URL／https://www.soba-ishihara.com/
営業時間／〈月～金〉11:30～15:30(L.O.15:00)
17:00～22:30(L.O. 22:00)
〈土・日・祝日〉11:30～22:30 (L.O. 22:00)
定休日／年末年始　開業／2000年11月

築地 布恒更科

「大井 布恒更科」の主人だった故・伊島節氏の長男伊島始氏が、遠縁にあたる「銀座更科」(現在は閉店)の築地支店だった店舗で開業。「そばみそ」「鮪づけ」といったそば店らしい伝統的なメニューの他に、「本日の一品料理」や「季節の天だね」を用意。日本酒は南部美人、澤の井などの定番の「お燗・冷のお酒」の他、随時入れ替わる新入荷の「冷酒のお酒」を取り揃える。

住所/東京都中央区築地2-15-20
電話/03-3545-8170
営業時間/11:30〜14:00　17:00〜20:30(L.O. 20:00)
(土曜は昼のみ)
定休日/日・月・祝日
開業/2004年

蕎麦茶屋 いっ星

「鴨と日本酒と蕎麦 大人の蕎麦ダイニング」を謳う店にふさわしく、「京鴨のかもわさユッケ風」などの京鴨料理や、「魚介の雲丹味噌クリームグラタン」「半熟卵のポテトさらだ イクラのせ」といったオリジナルの料理を用意。日本酒だけでも発泡タイプの日本酒、日本酒サングリアなどもあり、豊富なドリンクメニューを誇る。系列店にさいたま市・大宮区の「青ao」、東京・湯島の「青天」がある。

住所/東京都港区新橋3-18-7 B1
電話/03-6435-6423
URL/https://gourmet513.com
営業時間/〈月〜木〉16:30〜23:00　〈金〉16:30〜23:30
〈土〉16:30〜22:00
定休日/日・祝日・年末年始
開業/2014年3月

総本家 更科堀井

寛政元(1789)年創業の老舗であり、2024年に現代の名工を受賞した当主の堀井良教氏で9代目。日本橋高島屋、伊勢丹立川店にも支店を構える。さらしなそばと、季節で替わる色とりどり20種類以上の変わりそばで知られる一方で、そば料理にも注力。近年は江戸東京野菜に造詣の深い料理研究家らの協力のもと、「更科蕎麦と江戸野菜を味わう会」を年4回開催している。

住所/東京都港区元麻布3-11-4
電話/03-3403-3401
URL/https://www.sarashina-horii.com/
営業時間/〈月〜金〉11:30〜15:30(L.O.15:00)
17:00〜20:30(L.O.20:00)
〈土・日・祝日〉11:00〜20:30(L.O.20:00)
定休日/正月・夏季　開業/1789年

東家寿楽

初代は明治7(1874)年から今も営業を続ける「東家総本店竹老園」で修業し、大正8(1919)年に釧路市に「東家分店」として独立。後に札幌市に移り、2代目が1966年に円山に同店を開業した。現在当主の佐藤久佐夫氏は4代目。120坪100席を越える規模を誇り、富良野産のさらしな粉を使ったそばやそば料理で評判を博している(全10品構成のそば会席「そば乃粉料理」はコロナ禍以降休止中)。

住所/北海道札幌市中央区北2条西27丁目1-1
電話/011-611-8659
URL/https://www.adumayajuraku.com/
営業時間/〈木〜月〉11:00〜20:00(L. O.19:40)
〈火〉11:00〜17:00(L. O.16:40)
定休日/水・第2第3火曜(祝日の場合、翌日)
開業/1966年

手打ち蕎麦 naru

JR浜松駅より徒歩5分、遠州鉄道第一通り駅より徒歩1分の立地。オリジナルの種物のそばが特徴で、つまみはそば粉と豆乳を使った「そば豆腐」や「今日の揚げ春巻き」などの通年メニューの他、季節の黒板メニューも用意。「そばの実チーズケーキアイス添え」などのデザートメニューも充実する。飲み物は日本酒やナチュラルワインなどを揃える他、自家製果実酢のサワーやビール割りなどもある。

住所／静岡県浜松市中央区板屋町102-12 2F
電話／053-453-7707
URL／https://www.narusoba.com/
営業時間／〈火～土〉11:30～14:00　18:00～21:30
（日は昼のみ）
定休日／月・臨時休業あり
開業／2008年7月

蕎仙房

主人の齋藤親義氏は叔父が営む「市川 一茶庵」で修業する傍ら、足利の本店に通い片倉康雄氏に師事。1989年に独立開業する。店は山形県西置賜郡から移築した築400年を超えた庄屋屋敷で、さらしなそばや変わりそばにも力を入れ、合鴨や季節の野菜を使った料理で定評がある。2024年には小社より「そばづくし　そば、つゆ、そば屋の料理と鴨料理、甘味」を上梓。

住所／静岡県裾野市須山1737
電話／055-998-0170
URL／https://www.kyozanbo.com/
営業時間／11:30～14:00
定休日／月・火
開業／1989年

割烹・蕎麦 波と風

店主の柴山風氏は和食の修業を積んだ後、そば割烹「大木戸矢部」（東京・新宿）の矢部久雄氏に師事。おまかせコースの他に酒のあても充実しており、牛舌味噌漬けや塩らっきょうといったつまみの他に、品書きにない料理も随時提供する。ドリンクは札幌や銀座のバーで修業を積んだ波瑠奈夫人の担当で、豊富なカクテルメニューが特徴。食事に合わせたペアリングや、そばの後の食後酒を提案する。

住所／神奈川県鎌倉市長谷1-16-21 新倭人館2階
電話／0467-95-1988
URL／http://namitokaze.xyz/
営業時間／〈火～金〉17:30～22:00（L.O. 21:00）
〈土・日〉12:00～14:00　17:30～22:00（L.O. 21:00）
定休日／月・他連休あり
開業／2014年11月

酒と蕎麦 まき野

福岡市内の日本料理店で煮方を務めた牧野良弘氏が「だし」と「日本酒」をテーマに開業。日本酒は希少な銘柄を取り揃え、100ml、150ml、300mlの3通りの量で提供する。独創的な創作和食は日本酒との相性を重視。おまかせも用意しており、当日一人からでも注文可能な「遊膳コース」は前菜、鮮魚4種、本日の一品、茶碗蒸し、鴨料理、天婦羅、そば（ざるまたはかけ）、甘味の8品からなる。

住所／福岡県福岡市中央区渡辺通5-12-8 渡辺通5ビル 1F
電話／092-791-2363
URL／https://www.saketosoba-makino.com/
営業時間／〈水・木・金〉11:30～14:30（L.O.14:00）
17:30～22:00（L.O.21:00）
〈土・日〉11:30～21:00（L.O.20:30）
定休日／月・火　開業／2015年10月

大阪 松下

主人の松下徹氏は「翁」の高橋邦弘氏に師事し、３年間の修業の後、高橋氏が監修するフランスのそばと日本料理の店「yen」(パリ6区サンジェルマン・デ・プレ)で９年間そば打ちを担当。帰国後、郷里の大阪で独立した。そばは二八で打ったもりそばのみ。つまみは自家製かまぼこや鴨ロースなどそば店の定番ものと季節の一品、日本酒は６種類ほどと、厳選した中で最善のものを提供する。

住所／大阪府大阪市北区鶴野町4 コープ野村梅田1F
電話／ 06-6377-1553
URL／http://osakamatsushita.com/shop.html
営業時間／11:00～20:00(L.O.)
定休日／月
開業／2015年7月

蕎麦と酒処 きくち

同じ住所のそば店「野饗」で勤めた菊池栄匡氏が、居抜きで店舗を継承。店名を改めて独立開業した。温かいそばは３種、冷たいそばは３種に絞り、その余力を酒の肴の提供に集中。定番のつまみの他に、なめろうなど鮮魚を生かした料理などを「今週の料理」として提供する。日本酒は常温で24種類を揃え、随時入れ替わる冷酒が10～15種類。ワインはブルゴーニュを中心に用意している。

住所／東京都練馬区石神井町3-27-16
電話／03-6913-1840
営業時間／〈月～水・土・日〉12:00～14:00
18:00～21:00(金曜は夜のみ)
定休日／木・最終水曜
開業／2020年1月

フルールド サラザン

店名はフランス語で「ソバの花」。ブルターニュ料理のガレット(ソバ粉のクレープ)専門店で、メニューは食事仕立ての「黒」とデザートの「白」に分かれ、黒にはかけつゆの要領で作るつゆを添える独自のスタイルだ。玉越幸雄氏はフランスで５年間修業。接客担当の友香夫人は現地の醸造所でも働いており、ブルターニュ名産のシードルにこだわり、内外の銘柄を30種類以上揃え、ペアリングも提案する。

住所／東京都台東区西浅草2-14-2インパレス1 1F
電話／03-6876-1851
URL／http://www.fleurdesarrasin.tokyo/
営業時間／11:45～15:00 (14:00 L.O.) 17:45～23:00
(22:00 L.O.)
定休日／不定休
開業／2019年4月

蕎麦懐石 義

主人の齋藤義展氏はアメリカ・ボストンの日本料理店、埼玉県・熊谷市のそば懐石店を経て笠原将弘氏に師事。東京・広尾の「賛否両論はなれ」で料理長を務めた。昼のコースは６品、夜のコースは８品構成で、先付の次に揚げ物を提供するのは「賛否両論」のスタイルを踏襲。また季節替わりのすり流しそばが店の名物となっている。日本酒は12種類ほどを揃え、ワインリストも充実。

住所／東京都目黒区三田２-3-20　B1F
電話／03-6303-1105
URL／https://gi-ebisu.owst.jp/
営業時間／12:00～14:00　18:00～22:00
定休日／なし
開業／2018年4月

蕎麦前とつまみ167品

初版印刷　2025年2月10日
初版発行　2025年2月25日

編者ⓒ柴田書店

発行人　丸山兼一
発行所　株式会社柴田書店
〒113-8477
東京都文京区湯島3-26-9　イヤサカビル
電話　営業部（注文・問合せ）／03-5816-8282
書籍編集部／03-5816-8260
URL　https://www.shibatashoten.co.jp

印刷・製本　シナノ書籍印刷株式会社

ISBN 978-4-388-06391-8